KB112521

다시 뜨는 아시아의 별
기회의 땅, 베트남

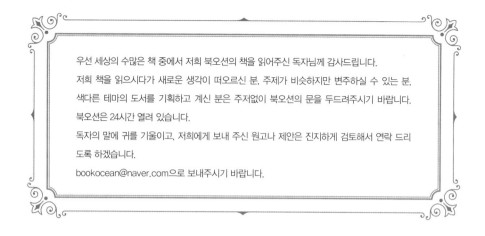

우선 세상의 수많은 책 중에서 저희 북오션의 책을 읽어주신 독자님께 감사드립니다.

저희 책을 읽으시다가 새로운 생각이 떠오르신 분, 주제가 비슷하지만 변주하실 수 있는 분,
색다른 테마의 도서를 기획하고 계신 분은 주저없이 북오션의 문을 두드려주시기 바랍니다.

북오션은 24시간 열려 있습니다.

독자의 말에 귀를 기울이고, 저희에게 보내 주신 원고나 제안은 진지하게 검토해서 연락 드리
도록 하겠습니다.

bookocean@naver.com으로 보내주시기 바랍니다.

다시 뜨는 아시아의 별
기회의 땅, 베트남

초판 1쇄 발행 | 2019년 1월 18일
초판 4쇄 발행 | 2019년 7월 10일

지은이 | 이광욱
펴낸이 | 박영욱
펴낸곳 | 북오션

편 집 | 이상모
마케팅 | 최석진
디자인 | 서정희·민영선

주 소 | 서울시 마포구 월드컵로 14길 62
이메일 | bookocean@naver.com
네이버포스트 | m.post.naver.com('북오션' 검색)
전 화 | 편집문의: 02-325-9172   영업문의: 02-322-6709
팩 스 | 02-3143-3964

출판신고번호 | 제313-2007-000197호

ISBN 978-89-6799-449-5 (03320)

이 도서의 국립중앙도서관 출판예정도서목록(CIP)은 서지정보유통지원시스템
홈페이지(http://seoji.nl.go.kr)와 국가자료공동목록시스템
(http://www.nl.go.kr/kolisnet)에서 이용하실 수 있습니다.
(CIP제어번호: CIP2018041757)

VIETNAM VO DICH

다시 뜨는 아시아의 별
기회의 땅, 베트남

이광욱 지음

북오션
콘텐츠그룹

Prologue

　불과 몇 년 전까지만 해도 나는 베트남을 잘 몰랐다. 영화 〈플래
툰〉에서 베트콩이 참 끈질기게 싸웠다는 기억과 우리나라 프로축
구 팀에서 '쯔엉'이라는 베트남 출신 선수가 활약했다는 정도가 내
가 아는 베트남의 전부였다. 미국에서 로스쿨을 다닐 때 주식 시장
에 근무하던 친구가 베트남이 유망하다 해서 베트남 펀드에 가입한
적이 있는데 그것도 몇 년 뒤 반 토막이 나서 해약했다. 이처럼 나
는 베트남과 별 인연이 없는 사람이었다.

　베트남과의 인연은 지금 직장인 퀴드자산운용이 지분을 투자한
홍콩계 PE 펀드가 베트남 최대 자산운용사의 지분을 인수하는 프
로젝트를 시작하면서부터였다. 당시 그 홍콩계 PE 펀드에 파견 근

무를 나가 있던 나는 투자 대상 분석부터 시장조사, 투자자 유치까지 모든 단계에 걸쳐 팀의 일원으로서 참여했다. 하지만 업계 1위 운용사여서 간단하게 끝날 것이라 예상한 프로젝트에 1년 반이나 매달리게 됐다. 다행이 프로젝트는 성공적으로 마무리됐고 우리는 베트남 최대 운용사의 2대 주주가 됐다. 프로젝트를 진행하는 동안 베트남 출장을 셀 수 없을 만큼 다녔다. 1년 반을 베트남만 생각하면서 지내다 보니 베트남이라는 나라가 더 궁금해졌고 직접 가서 살아보고 싶다는 생각이 들었다. 감사하게도 회사는 나에게 베트남에서 마음껏 공부하고 살아볼 수 있는 시간을 마련해 주었다. 뜨거웠던 지난여름, 더 뜨거웠던 베트남에서 보내면서 그들과 호흡하고 그들이 사는 세상을 경험하며 많은 것을 이해하고 배웠다.

수십 군데의 투자은행, 회계법인, 로펌을 만났으며 수십 명의 베트남 전문가에게 과외를 받는 호사도 누렸다. 많은 로컬 친구들을 사귀었으며, 이제는 내 왓츠앱(Whatsapp)에 언제든지 말을 걸어도 대답해 주는 베트남 친구가 꽤 많이 있으니 베트남이라는 나라는 이제 내 인생의 한 부분이 되었다고 말해도 과언이 아니다. 문자로 지인에게 안부를 묻고, 박항서 감독이 이끄는 베트남 축구 국가대표팀의 승전보를 함께 즐거워하며, 어느덧 나는 베트남 친구들과 베트남을 진심으로 이해하고 좋아하게 되었다.

나는 대체투자를 하는 투자운용역이다. 베트남이 나에게 보여주는 투자 기회는 그 자체만으로도 큰 매력이 있지만, 역사와 생각의 결이 비슷한 한국 사람으로서 저들의 소비, 앞으로 살아갈 세상, 그리고 그 앞에 나타날 무수한 기회에 가슴이 더 떨린다. 이 책은 내가 베트남에 살면서, 투자하면서, 베트남을 공부하면서, 느끼면서, 배우면서, 경험한 것을 최대한 담아보려 노력했다. 글재주가 부족해 북오션의 임직원들이 고생이 많으셨다. 이 자리를 빌려 감사하다는 말씀을 드리고 싶다. 그리고 내 소중한 가족과 쿼드자산운용과 칼데라퍼시픽(Caldera Pacific) 직장 동료들에게 고맙고 사랑한다는 말을 전하고 싶다.

그럼 다시 떠오르는 아시아의 별(베트남의 국기는 빨간색 바탕에 노란색의 별이 들어있는 모양으로 되어있다. 이 별은 공산당의 리더십을 의미한다고 한다), 베트남을 함께 파헤쳐보자!

chapter 3
베트남, 세계가 가장 선호하는 생산 기지

chapter 4
베트남 일억 명의 소비자가 주머니를 연다면

chapter 5
베트남 우리는 기회를 가졌는가?

chapter 6
베트남의 3가지 투자 유망 분야

chapter 1

아시아의 다시 뜨는 별, 베트남

01

베트남,
포스트 차이나를 이끌다

지난 십 년간 베트남은 세계에서 가장 빠르게 성장하는 국가 중 하나였다. 정부의 투자자 친화정책, 저렴한 노동력, 외국인직접투자(FDI)의 증가, 젊은 인구, 중산층의 성장, 도시화 덕분에 베트남 경제는 앞으로도 당분간 견조한 성장을 이룰 것으로 예상된다. 1986년, 자유시장경제로 개방하겠다는 '도이머이('쇄신'이란 뜻으로서 제6차 베트남 공산당 대회에서 제기된 슬로건)' 정책 이후 세계경제 시장에 데뷔한 베트남은 주목을 받으며 빠르게 성장했다. 그러나 정부의 안일한 개혁 개방에 이어진 심각한 부정부패와 2009년 글로벌 금융위기로 부침을 겪으면서 높은 세계경제의 벽을 실감했다. 하지만 글로벌 금융위기 이후로도 베트남 정부는 공기업 민영화, 부정부패 척결 등 개혁개방과 성장 의지를 보였고, 때마침 중국 일변도였던 생산 기지를 다변화하려는 해외 투자자들의 높은 관심을 받아 베트남은 2010년 이후 고성장을 지속하고 있다. 2018년에는 2010년의 GDP 대비 2배, 무역규모는 약 3배 이상의 높은 성장세를 누릴 것으로 예상되며 글로벌 전문가들은 이런 베트남을 '포스트 차이나' 시대의 맹주로 뽑고 있다.

베트남의 2018년 3분기 기준 GDP 성장률은 전년 대비 6.88퍼센트다. 올해도 6퍼센트 후반대의 GDP 성장률은 무난히 달성할 것으로 보인다. 동기간 소비자물가지수(CPI)는 3.6퍼센트 증가해 GDP 성장률 대비 물가도 안정적인 수준을 유지하고 있다. 현재 베트남의 경제를 견인하고 있는 요인은 저렴하고 풍부한 노동력과 선진국에서 받은 공적개발원조(ODA)로 개발하는 인프라, 대규모로 외국인이 직접 투자한 글로벌 생산 기지로서의 매력이다. 산업화가 이

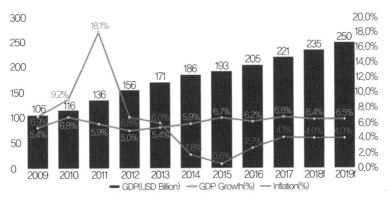

베트남 GDP와 인플레이션   출처: Economist Intelligence Unit, World Bank(2017)

루어지면서 가공 무역 중심의 생산 기지 역할이 커지자 전자, 섬유 등 제조업 부문의 수출 호조가 지속되며 2011년 이후 경상수지 흑자를 기록하고 있다.

성장의 엔진 FDI

베트남 해외투자청의 발표에 따르면 베트남의 FDI는 꾸준히 증가해 2018년에는 300억 달러에 이를 것으로 추정되고 있다. 이는 2017년의 230억 달러에서 30퍼센트나 증가한 수치다. 누적 기준 FDI는 한국이 620억 달러로 1위이며, 일본이 560억 달러로 2위다. 아래 그림처럼 베트남의 FDI는 2012년 이후 매 분기 견조하게 상승하고 있다. 이와 같이 탄탄하게 유입되는 FDI는 베트남의 외환보유고와 안정적인 경제 성장을 지탱하는 든든한 버팀목이 되고 있다.

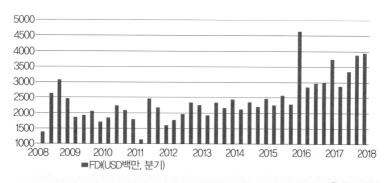

■FDI(USD백만, 분기)

출처: CEIC

지속해서 FDI가 늘어나는 요인은 무엇일까? 먼저 저렴하고 풍부한 노동력과 정부의 친(親) 투자정책, 베트남의 지리적 장점 때문이라고 할 수 있겠다. 특히 중국의 임금 상승과 자국기업우선정책, 그리고 미—중 무역전쟁이 일어나는 등 무역 마찰이 심해져 '포스트 차이나'를 대비하려는 움직임도 이유가 될 것이다. 베트남의 안정적인 정치 환경도 큰 몫을 차지하고 있다.

베트남 FDI 중에 여전히 생산 관련 설비 투자가 46.2퍼센트일 정도로 가장 높은 비중을 차지하고 있으나 최근에는 리테일과 부동산 관련 투자도 큰 폭으로 늘고 있다. 다음 표를 보면 총 FDI 중 생산 설비 투자 비중이 지속해서 줄고 있음을 알 수 있다. 다양한 산업에 전략적 지분 투자, 인프라 투자, 부동산 투자 등 다양하게 외국 자본이 유입돼 베트남의 경제는 호황을 누리고 있으며 실업률이 2퍼센트 미만인 완전고용에 가까운 노동 시장이 지속되고 있다.

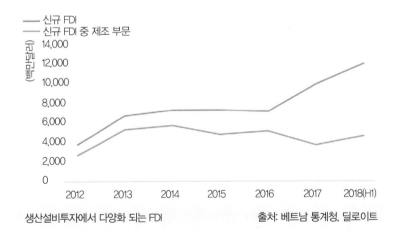

생산설비투자에서 다양화 되는 FDI   출처: 베트남 통계청, 딜로이트

경제발전의 밑바탕 ODA

베트남이 1989년 캄보디아로부터 철군한 이후, 1994년 미국이 관계 정상화 등의 조치를 취함에 따라 국제사회로부터의 원조가 급격히 증가했다. 이 덕분에 베트남은 지난 10년간 ODA 자금 유입 세계 4위를 기록했다. ODA로 유입된 자금을 도로와 상하수도, 통신, 에너지 등 경제인프라 확충에 집중적으로 투입하면서 베트남 산업화의 초석이 됐다.

이처럼 지속적으로 유입되는 FDI와 ODA으로 베트남은 산업화의 기초를 다졌으며 글로벌 기업에게 '포스트 차이나' 시대를 대비

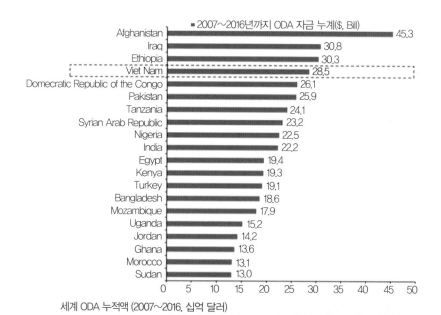

세계 ODA 누적액 (2007~2016, 십억 달러)

하는 좋은 대안으로 비춰지고 있다. 베트남의 지리적 이점과 다자간 자유무역협정을 맺은 덕분에 무역 허브로서 기능할 수 있다는 장점이 부각되면 글로벌 생산 기지로서의 매력은 더욱 높아질 것으로 판단한다. 다만 중국의 예에서 보듯이 산업화 이후 가파른 임금 및 부동산 가격 상승 등은 향후 베트남의 글로벌 생산 기지로서의 지위에 위협이 될 수 있다. 따라서 베트남의 미래를 예측할 때는 글로벌 생산 기지로서의 매력과 함께 경제 전반이 자생적으로 성장할 만한 성장동력을 확보할 수 있는가를 확인해볼 필요가 있다. 나는 인구의 황금 구성, 소비 시장의 성장, 다변화되는 FDI를 통한 다양한 산업 발전에 그 방점이 있다고 판단하고 있다.

인구 황금기와 중산층의 성장

베트남 통계청에 따르면 2016년 베트남 인구수는 약 9200만 명이며 2025년에 1억 명에 달할 것으로 예상하고 있다. 베트남은 현재 인구 구조상 근로 인구(15세에서 65세 사이)가 전체 인구의 70퍼센트를 차지하고 있어 베트남 국민 2명이 일을 하며 1명을 부양하는 소위 '인구 황금기(Golden Population Structure)' 구조에 접어들었다. 이러한 인구 구조는 가계당 소비 여력의 증가로 이어질 것으로 보이며 기초 필수 소비재에서 기타 소비재로 소비 이동이 시작되는 중요한 전기가 될 것으로 판단한다.

베트남의 중산층의 성장도 눈부시다. 미국 브루킹스연구소에 따

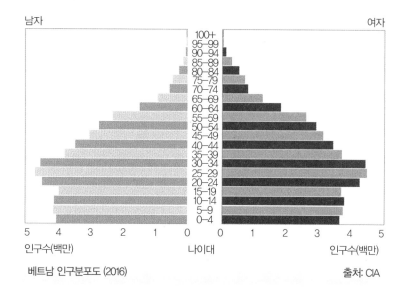

남자　여자

100+
95-99
90-94
85-89
80-84
75-79
70-74
65-69
60-64
55-59
50-54
45-49
40-44
35-39
30-34
25-29
20-24
15-19
10-14
5-9
0-4

5　4　3　2　1　0　　0　1　2　3　4　5
인구수(백만)　나이대　인구수(백만)

베트남 인구분포도 (2016)　출처: CIA

르면 베트남의 중산층은 아시아 경쟁 국가 중에서 가장 빠른 속도로 증가하고 있으며 2020년까지 연평균 19퍼센트 성장할 것으로 예상되고 있다. 베트남의 소득이 증가하면서 가처분소득도 빠른 속도로 늘어나고 있다. 2008년부터 2015년까지 베트남 국민의 가처분소득은 평균 35퍼센트 이상 성장을 기록했다. 중산층과 가처분소득의 증가가 베트남의 내수 소비 시장에 큰 변화를 가져올 것으로 예상하고 있다. 베트남이 소비 시장으로서 매력 있는 이유다.

이러한 소비 시장으로의 변화는 우리 기업의 투자 분야도 바꾸고 있다. 그동안 저렴한 노동력을 바탕으로, 생산 기지로서 활용하려고 투자를 집중해왔다면 이제 한국 기업의 투자가 유통, 식품, 문화, 관광 등으로 빠르게 다변화되고 있다. 이처럼 글로벌 생산 기

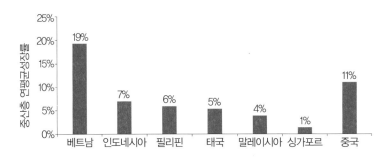

베트남 중산층은 2018년부터 2020년까지 19퍼센트의 높은 성장을 할 것으로 예상

출처: 브루킹스 연구소

지에서 소비 시장으로 변화하는 모습은 우리나라의 '한강의 기적'을 떠올리게 한다. 베트남을 바라보는 많은 투자가들이 '메콩강의 기적'을 기대하는 큰 이유다.

　베트남의 또 다른 강점은 3260킬로미터나 되는 해안선이 품고 있는 방대한 관광 자원과 항구들이다. 베트남의 외국 관광객은 2018년 7월 기준 전년 대비 무려 25퍼센트나 늘었다. 실로 폭발적인 성장세가 아닐 수 없다. 또 넓은 해안선 덕분에 다양한 접안 시설을 운용할 수 있어 무역 허브로 발돋움할 수 있는 최적의 조건이다. 이처럼 베트남은 글로벌 생산 기지로서만이 아니라 자생적으로 성장할 잠재력도 풍부하다.

　베트남에서 만난 경제 전문가가 국가 성장단계에 따른 투자매력도 곡선을 보여주며 설명해 준 내용이 있어 공유하고자 한다. 다음 JLL 리서치를 보면 통상적으로 국가의 성장 곡선 중에서 투자매력

초기	성장	성숙
• 산업재 중심 • 노동집약적 • 정부주도	• 중공업 중심 • 자본+노동 • 자동화 초기 • 민영화	• 바이오, 화학 등 기술 중심 • 자동화 • 민간주도

베트남 태국 중국 싱가포르 대만 대한민국

시장 성숙도

출처: JLL 리서치

도가 가장 높은 구간, 즉 투자자에게 가장 높은 수익을 안겨주는 구간은 바로 초기 단계에서 성장 단계로 넘어가는 구간이다. 그래프를 보면 이해가 가는 면이 있다. 80년대 아시아의 호랑이로 불리던 한국과 대만이 그랬고, 90년대 중국이 그랬다. 이제는 아시아에 다시 뜨는 별, 베트남이 그렇다.

02

신남방정책의
핵심국가 베트남

2017년 11월, 문재인 대통령이 'APEC, 아세안+3, 동아시아정상 회의'에 참석차 베트남, 인도네시아, 필리핀을 방문했다. 이 자리에서 문재인 대통령은 '신남방정책, 한–아세안미래공동체 구상'을 밝혔는데 이것이 '문재인정부'의 중점 대외정책으로 부각됐다. 이미 신남방지역은 한국에게 중국 다음으로 제2위 교역 대상국이고, 누적기준으로 미국·중국에 이어 3위의 투자 대상국이며 한국 기업의 대표 글로벌 생산 기지가 있는 곳이어서 그 경제적, 외교적 의미가 크다고 하겠다. 이러한 정책 구상 발표는 신남방정책을 통해 한국 외교가 다변화를 향한 새로운 출발을 하겠다는 의미여서 긍정적이다. 신남방정책은 아세안(ASEAN) 지역에 있는 국가와 긴밀한 네트워크를 조직해 한국의 외교적 입지를 튼튼히 하고 이를 활용해서 미국, 중국, 일본, 러시아 등 강대국 사이에서 한국의 자율성과 발언권을 높이는 것을 목적으로 한다. 특히 북한이 성공적으로 시장경제로 개방한다면 신남방국가와 대륙을 잇는 새로운 경제지도를 그릴 수 있어 그 의미가 크다.

정부는 신남방정책을 통해 경제적으로는 신남방국가와의 교류를 미국, 중국, 일본, 러시아 4대국의 수준으로 격상 발전시키고 교역 규모도 2020년까지 중국 수준인 2000억 달러로 확대하겠다는 계획을 가지고 있다. 외교 측면으로는 날로 커져만 가는 중국과 일본의 신남방 지역에서의 영향력을 견제하고 직접 교류 협력을 확대하는데 그 목적이 있다.

경제 분야만이 아니다. '평화'라는 대전제를 두고 지역공동체의 안전을 도모하고 있다. 중국과 러시아, 일본 등 강대국의 이권이 얽혀 있는 지역의 복합적 안보 문제에도 공동 대처해 안보 협력을 강화하려는 목적도 있다. 아세안의 공동번영과 평화를 위한 중요한 발걸음을 시작한 것이다. 좋은 예가 2018년 4월 응오 쑤언 릭(Ngo Xuan Lich) 국방장관이 방한했을 때 맺은 '국방협력에 관한 공동 비전성명'이다. 이 성명을 통해 양국은 군 고위급 인사 교류, 교육 훈련, 해양 안보, 방산 협력, 유엔 평화 유지 활동, 전사자 유해 발굴 등 국방, 방산 분야에서 협력을 확대 발전시키기로 했으며, 6월에는 송영무 국방장관이 베트남을 방문해서 '상호 군수 지원 협정'을 체결하기도 했다.

2017년 기준으로 베트남은 미국과 중국, 일본에 이어 대한민국의 4대 교역국이다. 2018년 2월 베트남을 방문한 산업통신부 장관은 2020년까지 한-베 양국 교역 규모를 1000억 달러까지 확대키로 합의해 베트남이 신남방정책 주요 전략국임을 확인했다. 베트남은 풍부한 젊은 노동력과 낮은 임금 덕분에 경제가 고속 성장하고 있어 글로벌 기업의 진출 '0'순위 국가로 급부상했다. 특히 베트남이 다양한 국가와 맺은 무역협정과 지리적 이점이 성장의 중요한 바탕이 되고 있다. 또 저렴한 인건비와 안정적인 정치 상황을 장점으로 내세우는 베트남 정부의 적극적 투자유치 노력이 결실을 맺고 있다.

베트남 골드러시의 선봉에 한국 기업이 있다. 1992년 한중 수교 체결 이후 한국 기업은 주로 중국을 생산 기지로 삼아 진출했다. 하지만 최근 인건비 부담이 커지고 중국의 자국 기업 우선 정책, 미-중 무역 전쟁의 여파로 베트남을 대체 투자처로 삼은 기업이 부쩍 늘었다. 베트남 입장에서도 한국은 경제 성장의 큰 동력이다. 현재

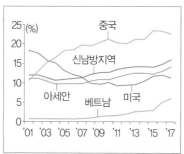

한국의 對신남방지역 교역 비중 추이
자료:kita

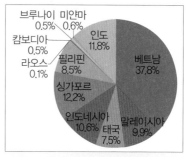

한국의 신남방지역 국별 교역 비중('17)
자료:kita

한국 기업이 생산하는 양이 베트남 전체 수출액의 35퍼센트를 차지한다.

삼성전자 등 한국 기업의 적극적인 투자와 진출, K팝과 K뷰티 등 한류문화의 확산, 그리고 최근 박항서 감독의 활약까지 더해짐으로써 베트남인에게 한국의 호감도는 매우 높아지고 있다. 앞으로도 좋은 미래 동반자 관계를 유지할 수 있을 것으로 보인다.

그런데 과연 우리는 그들을 얼마나 알고 있을까?

03

이념의 적에서
미래 동반자로

미국의 북베트남 침공으로 시작된 베트남전에서 대한민국은 자유 우방 진영 7개 연합군과 함께 참전하였으며 미국에 이어 두 번째로 많은 31만 명의 병력이 8년간 참전했다.

알 수 없는 전쟁

한국이 왜 베트남 전쟁에 참전했는지는 의견이 분분하다. 그중 공개된 각국의 전쟁 기록에 따르면 박정희 정부가 먼저 차관 마련 등의 경제적, 군사적인 이유로 파병 제안을 했다고 한다. 하지만 당시 미국 정부는 베트남전에 한국군을 파병할 경우 북한이 도발할 가능성이 있고 중국, 소련 등의 공산권 국가를 자극해 베트남에서 한국전쟁처럼 대규모 대리전쟁이 일어날 수 있다고 판단해 제안을 거절했다. 하지만 베트남전이 생각보다 어렵게 흘러가자 미국은 한국의 참전을 공식적으로 요청했고 한국은 연합군 중 미국 다음으로 최대 병력을 파병함으로써 화답했다.

1973년 1월, 파리평화협정을 끝으로 미국이 철수하자 우리 군도 5000명 이상의 국군 전사자를 낸 베트남 전쟁에서 8년 만에 결국 철수한다. 미국과 우리나라, 그리고 연합군에게는 참으로 길고 힘든 전쟁이었다. 하지만 우리 군은 미군의 현대화 장비는 물론 해외전투수당과 원조수당 등의 자금을 참전 대가로 지원받았다. 베트남에 파병된 한국군의 경비 일체를 미국이 부담한 덕분에 해외전투수당과 추가 지원금은 경공업 육성에 투자됐으며, 이로써 경부고속도로 건설 같은 국토 개발 사업 자금을 충당할 수 있었다. 아이러니하게도 한국 산업화의 씨는 베트남 참전의 대가로 뿌린 것이다.

20년 만의 국교정상화

진짜 참전 이유가 무엇이든 우리나라는 베트남 입장에서 '이념의 적'이었다. 당시 대한민국은 미국이 이끄는 자유민주주의 연합군의 참전국 중 하나였고 북베트남은 소련과 중국의 지원을 받는 공산주의국가였다. 아픈 과거를 뒤로 하고 양국 간 국교가 정상화된 시기는 베트남전 철수 후 20년이 지난 1992년이었다. 베트남 정부는 1986년 '도이머이' 정책을 발표한 다음 사회주의에 입각한 경제 정책을 과감하게 자본주의 기반 정책으로 고쳐 나가고 있다. 그 과정에서 '대한민국'과 '한강의 기적'을 모델로 삼고 '메콩강의 기적'을 이루고 있다. 2009년, 한-베는 경제 파트너를 넘어 정치·외교적 우군을 의미하는 '21세기 포괄적 동반자 관계'로 서로를 명명하고 다양한 경제·외교 협력을 이루어 나가고 있다. 베트남은 또 한국과의 실질적 협력 관계를 중시하면서도 북한과의 우호 관계도 지속적으로 유지하고 있어 향후 북한이 시장경제로 개방한다면 중요한 역할을 할 것으로 기대된다.

새로운 관계 만들기

2018년 현재, 대한민국은 베트남의 가장 큰 교역국이며, 삼성전자를 비롯해 한국의 기업이 베트남의 총 GDP 중 20퍼센트 이상을 차지할 만큼 한국과 베트남은 밀접한 경제 공동체를 이루고 있다.

나는 어떻게 베트남인은 본인의 나라에서 전쟁을 하고 자국민에게 총부리를 겨눈 대한민국과 그 국민에게 호감을 가질 수 있을까 궁금했다. 어렵사리 북부 출신 베트남 지인과 그 주제를 두고 대화한 적이 있는데 그 지인이 궁금증을 많이 풀어주었다. 지인의 말에 따르면 베트남인에게 베트남전은 '승리한 전쟁'이라는 것이다. 전쟁은 물론 뼈아픈 기억과 상처를 남기지만 결국 베트남과 베트남 국민이 미국과 연합군을 몰아낸 '승리한 전쟁'이기에 우리가 생각하는 만큼 그렇게 분노와 원한으로 가득 차 있지는 않다는 것이다. 다행이라는 생각이 들었다. 더욱이 인구의 65퍼센트가 30세 미만인 전후세대라 그들에게 베트남 전쟁은 '역사'로 기억되고 있었다. 인구의 대부분이 베트남 전쟁 이후에 태어난 세대라 사실 전쟁의 상흔에 대한 기억이 없다는 것이다.

베트남에서 만난 한 교수님의 이야기를 빌리자면 베트남인은 현재 한국을 자신들의 '선생님'이라 생각한다고 한다. 삼성전자가 들어와 베트남의 산업화와 고도화를 이끌고 있고 박항서 감독이 지도하는 축구 대표팀은 동남아시아 최약체 베트남 국가대표팀을 아시아 맹주로 부상시켰다. 따라서 전후세대에게 한국은 좋은 선생님이

베트남 참전 한국군

박항서 매직에 열광하는 베트남, 태극기가 보인다   출처: 셔터스톡

며 한국의 손이 닿으면 성공이 따라온다는 믿음이 있다고 한다. 이런 한국에 대한 좋은 이미지가 앞으로 한국과 베트남이 미래의 동반자적 관계로 가는 데 좋은 거름이 될 것이다.

04

저항의 역사 속 '호치민',
그를 알면 베트남 정신이 보인다

호치민(Ho Chi Min, 1890~1969), 민족해방의 아버지로 불리는 그는 베트남 근대사에서 빼놓을 수 없는 인물이자 베트남 국민에게는 외세에 대한 저항과 독립을 상징하는 아이콘이다. '베트남의 아버지', '호 아저씨'라는 애칭으로 불릴 만큼 베트남인의 사랑과 존경을 받는다. 호치민은 '베트남 정신'을 이해하려면 꼭 짚고 넘어가야 하는 인물이다.

독립의 산증인
베트남의 근현대사는 우리나라의 그것과 비슷하게 외세의 간

섭으로 분열된 민족 해방과 투쟁의 역사다. 19세기 이전 베트남은 1000년이 넘게 중국의 지배를 받았고 19세기 이후로는 프랑스의 '인도차이나반도' 통치에 편입돼 오랜 기간 열강의 지배 아래 놓였다. 2차 세계대전이 일어나자 일본군이 주둔했고 1945년에 전쟁이 끝난 다음에 다시 프랑스와 독립 전쟁을 벌여야 했다. 이 30년에 걸친 피나는 독립의 역사 속에 호치민이 있다. 베트남의 민족영웅 호치민은 젊은 나이에 유럽, 미국, 러시아 등 해외를 돌며 선진 문물과 마르크스 이론을 공부했으며 민족주의에 기반을 둔 공산주의 운동을 베트남에 정착시키려 했다.

1945년 일본이 패전하자 호치민을 수반으로 하는 베트남 민주공화국('월맹')은 독립을 선언했다. 한편 프랑스는 일본군이 물러난 베트남에서 식민 지배국의 영광을 되찾으려 했는데, 베트남은 이에 맞섰다. 프랑스와의 항전은 호치민이 1954년 디엔비엔푸(Dien Bien Phu) 전투에서 승리를 이끌며 마무리됐다. 프랑스와의 결전을 앞두고 호치민은 프랑스군에게 "당신들 한 명이 죽을 때마다 베트남인 열 명이 희생당할지 모른다. 그러나 당신은 반드시 패배할 것이고 우리는 이길 것이다"라며 베트남 인민의 저항정신을 고취했다.

미국과의 전쟁

그렇게 독립이 이루어지는 줄 알았지만 공산주의가 베트남까지 확산되지 않도록 막으려 한 미국은 이미 망가진 남베트남 왕조를 몰아내고 응오 딘 디엠(Ngo Dinh Diem)을 수상으로 내세워 허수아비 정권을 출범시켰다. 그렇게 북부의 호치민, 남쪽의 응오 딘 디엠으로 나라는 다시 반으로 갈라졌다. 나중에 북베트남을 폭격하려고 조작한 사건임이 들어난 '통킹만 사건'[1]을 빌미로 미군이 이끄는 남베트남과 호치민이 이끄는 북베트남 사이에서 20세기 마지막 이념전쟁인 베트남 전쟁이 발발했다.

1965년부터 1973년까지 이어진 베트남 전쟁에서 미국은 2차 대전 당시 태평양전쟁에 사용한 폭탄 전체보다 많은 무려 900만 톤의 폭탄을 이미 오랜 기간 식민지와 전쟁으로 고초를 겪은 땅에 쏟아부었다. 그야말로 국토를 잿더미로 만들어 버린 것이다. 당시 베트남 전쟁을 돌이켜 보면 화력이나 전력 면에서 비교가 불가능할 정도로 차이가 났다. 미군 쪽은 총 병력 50만 명(한국군 등 다국적 지원군 비포함)에 베트남군 140만 명을 더해 약 200만 명의 병력이 있었다. 북베트남의 총병력은 40만 명 정도였다.

그릿(grit) 정신

미국의 살육에 언제까지 버틸 수 있느냐는 기자의 질문에 "20년, 혹은 100년이 될지도 모른다. 그러나 우리는 희생을 치르더라도 끝

---

1) 1964년 8월 2일과 4일에 베트남 통킹만에 주둔 중이던 미국 구축함을 북베트남 어뢰정이 두 차례 선제공격한 사건. 이는 북베트남의 보복 공격을 유도하기 위해 미국이 먼저 폭격한 것으로 미국방성 비밀문서(The Pentagon Paper)에 '34 알파작전계획'이라는 이름으로 기록돼 있다.

내 이길 것이다"라고 호치민은 대답했다. 이 일화는 호치민으로 대표되는 '끝내 이기는 베트남 저항정신'의 상징이 됐다. 1973년, 미군이 지속되는 자국의 반전운동과 좀처럼 물러서지 않는 지리한 베트콩과의 전쟁 피로도 때문에, 결국 철수하며 북베트남이 승리의 전기를 잡았다. 1976년 7월, 정식으로 재통일되는 모습을 1969년에 타계한 호치민은 비록 보지 못했지만 그의 독립정신과 민족애를 기리고자 베트남 국민들은 남부의 대표 도시인 '사이공'을 '호치민 시'로 개명했다.

'호치민'은 베트남의 국부(國父)다. 국민 간에는 북과 남, 자본주의와 공산주의, 일당제와 다당제 등 호불호가 있을지라도 호치민에 대한 존경과 사랑은 변함이 없다. 공공기관은 말할 것도 없고, 대형 상점이나 작은 식당, 일반 가정집에서도 벽에 걸린 그의 초상화를 어렵지 않게 볼 수 있다.

베트남 국민에게 호치민은 '성공한 저항의 기억'이다. 불의에 항거하는 저항은 그 자체로 의미가 있다. 하지만 원하는 결과를 성취하지는 못하는 저항도 많다. 베트남은 세계열강의 다툼 속에서도 오랫동안 저항의 역사를 지속하며 자신의 힘으로 극복해 현재 같은 독립국가까지 왔다. 프랑스, 일본, 미국 등 열강의 침략과 맞서 싸워 이긴 이 '성공한 저항의 기억'은 외세에 대항해 독립된 국가를 이루고자 한 그들의 '대의'와 '자존심'을 상징한다. 이런 감정이 베트남 국민의 핏속에 흐르고 있다. 전쟁에서 져본 적이 없는 나라 베트남, 어떤 값을 치르더라도 끝까지 싸워 이기는 베트남이

호치민 시 인민위원회 청사 앞 호치민 동상　　호치민 시 빈컴센터 앞 선전광고

라는 이 감정은 베트남 국민에게 성공의 중요한 요소라고 하는 '그
릿(grit, 기개, 쉽사리 포기 하지 않음)'으로 작용하고 있다. '그릿'은
앤절라 더크워스 미국 펜실베이니아대학교 심리학과 교수가 본인
의 동명 저서인 《그릿》에서 성공의 제1요소로 꼽으며 세간의 주목
을 받은 용어다.

　베트남 국민은 호치민 정신으로 대표되는 '그릿'에 '성공한 기억'
까지 더해진 덕분에 정신적으로 무장돼 있다. 따라서 자존감도 매
우 높고 애국심도 매우 강하다. 공산당 1당 체제의 영향도 있겠지
만 기본적으로 국가가 정하는 정치나 경제적 방향을 묵묵히 따르는
성향이다. 개인의 이익보다 국가나 대의에 중심을 두는 선택을 택
하는 데 두려움이 없으며 개인의 작은 희생도 기꺼이 받아들이는

경향이 있다. 조금 느릴지라도 쉽사리 포기하지 않고 끝까지 정진하는 '베트남 정신', 그 뿌리에 '호 아저씨'[2] 호치민이 있는 것이다.

사실 베트남 정신을 얘기하면서 베트남 국민에게 '호 아저씨'만큼이나 사랑받는 베트남의 전쟁 영웅, 보 구엔 지압(Vo Nguyen Giap) 장군을 빼 놓을 수 없다. 지압 장군은 인도차이나 전쟁에서 프랑스군을, 베트남 전쟁에서는 미군을 물리쳤으며 1979년에 중국이 침공했을 때도 중공군 10만 명을 물리친 베트남 최고의 명장이다. 베트남인이 기리는 지압 장군의 정신은 결전결승(決戰決勝)이다. 즉, '전쟁을 결행하면 승리를 결심한다'는 뜻으로 베트남인에게 호치민의 저항정신과 함께 그릿의 뿌리로 작용한다. 지압 장군은 100세를 기념해 중앙일보와 인터뷰했는데 월남전에 참전한 한국을 미워하지 않는다면서 "한국과 베트남은 역사와 문화에 공통점이 많다. 서로 이해하기 쉽다. 물론 예전에 한국군이 미군의 침략전쟁에 참전했다는 것을 잊으면 안 된다. 당연히 당시 정권의 책임이었다. 양국의 우호협력 관계가 날로 증진될 거라고 확신한다"[3]라고 말했다.

이처럼 호치민과 지압 장군으로 대표되는 베트남의 기개 높은 저항정신과 애국심은 지금의 베트남을 이끄는 '베트남 정신'이다.

---

2) 베트남인은 호치민을 '박 호'라고 호칭한다. 우리말로 '호 아저씨'라는 뜻이다.
3) 중앙일보, "오늘의 베트남 있게 한 '전쟁 영웅' 프랑스·미국·중국 물리친 명장, 보 구엔 지압"

05

베트남을 이해하는 두 가지 문화 코드, '체면'과 '가족'

체면

베트남 문화를 흔히 '체면'을 중시하는 문화라고 이야기한다. 체면의 근간에는 우리나라와 같은 유교 문화라는 배경 외에 앞에서 살펴본 바처럼 끊임없는 외세의 침략 속에도 독립을 지켜냈다는 베트남인의 높은 자긍심과 자존심이 숨어 있다. 기본적으로 나이와 신분, 사회적 위상, 선임자에 대한 공경 등이 유교 문화의 유산으로 남아 있어 나이나 신분에 따라 상대방도 나에게 상응하는 존경을 표하리라 기대한다. 오랫동안 투쟁의 역사를 보내며 뿌리 깊게 자리 잡은 공동체 의식도 '체면'을 중시하게 만든 주요 요소다. 따라서 베트남에서 사업을 하거나 관계를 맺을 때 '체면'을 세워주는 행동은 관계 형성에 매우 중요한 요소로 작용한다. 손해를 보더라도 '체면'을 지키고 싶은 그들의 마음을 잘 헤아리면 깊은 관계를 만들어 갈 수 있다.

나는 업무상 베트남의 파트너로부터 다양한 투자 건을 제의받는다. 내 관심 영역 안에 있는 투자 건도 있지만 전혀 상관없는 투자 건이 비율적으로는 훨씬 많다. 다른 경우라면 대부분 간단히 '내 영역이 아니니 다음에 좋은 기회에 같이 하자'고 넘길 것이다. 하지만 나는 나를 보고 좋은 투자 건을 소개해 준 그들에게 최적의 파트너를 소개해 주려 노력한다. 그런 행동이 그들의 '체면'을 살려 주기 때문이다. 반드시 모든 제안에 대해 다양한 피드백을 해주며 최대한 이해하려고 노력하고, 내 영역이 아닌 투자 건은 꼭 좋은 파트너를 한국에서 찾아서 연결해 준다. 한마디로 제안을 한 베트남 파트너의 '체면'을 차리게 해주는 것이다. 그들은 내 노력에 고마움을 직간접적으로 꼭 표시한다. 시간이 지날수록 사업상 관계가 더욱 돈독해짐은 물론이다.

베트남에서 현지 직원을 고용해 사업을 할 때도 꼭 직원의 '체면'을 생각해서 지도, 감독해야 한다. 베트남에서 인사컨설팅을 하는 현지 친구에 의하면 한국에서 파견된 지사 직원이 간혹 현지 직원을 사람 많은 곳에서 공개적으로 지적하다가 현지 직원의 신뢰와 존중을 잃기도 한다고 한다. 그들은 자신을 무시하는 처사로 느끼는 것이다. 부처 간 이해가 충돌할 때도 내 의견을 관철시키는 것 못지않게 상대가 체면을 차리고 물러날 수 있게 해주는 것이 매우 중요하다.

가족

베트남인에게 '가족'은 단순히 피붙이를 넘어 중요한 가치가 있는 존재다. 가족은 베트남 사회의 최소 조직이며 유교가 오랫동안 영향을 끼쳤기 때문에 베트남인들은 자식의 효도를 중요한 미덕으로 간주한다. 자식은 부모와 가족이 자신을 길러주고 공부시켜준 은혜에 늘 고마움을 간직하며 나이를 먹을수록 부양에 대한 책임을 지려 한다.

급격한 도시화 때문에 지방의 많은 베트남 젊은이가 도시에서 대학을 다니거나 직장을 잡아 근무하고 있다. 예전처럼 몇 대가 모여 사는 구조에서 벗어났지만 민족명절인 '텟'이나 연말연시가 되면 어김없이 귀향하는 사람들로 터미널이나 공항이 북적거린다. 현재 가장 왕성한 경제활동을 하고 있는 20~30대의 소비 형태를 분석할 때도 단지 돈을 버는 소득 창출원의 소비 성향만 고려하면 안 되는 중요한 이유이기도 하다. 보스턴컨설팅의 '베트남 소비자 조사'에 따르면 69퍼센트의 응답자가 "가족의 필요가 채워지기 전에 자신에게 소비를 하지 않겠다"라고 대답할 정도로 가족은 베트남인에게 소중하다. 이처럼 가족이 중요하고 적극적 경제활동 인구 중 부모를 부양하는 층이 많기 때문에 '가족'은 부동산, 소비 형태, 소비의 우선순위 등 베트남인이 구체적으로 어떻게 소비하는지를 연구할 때 반드시 고려해야 하는 중요한 가치다. 대도시에 사는 20대 초반의 젊은 커리어 여성이 가족의 기대에 맞춰 어린 나이에 결혼하고 아이를 기르는 모습이나 부모님의 건강 관리나 의료 관련 지출이 가처분소득에서 높은 비중을 차지하는 소비 형태는 베트남에서 자주 볼 수 있다.

06

온 나라가 가족에게 돌아가는 베트남의 뗏(tet) 명절

가족의 가치를 다시 느끼는 뗏(tet)

베트남 관련 업무를 하다 보면 이런저런 스케줄을 베트남 파트너와 조율할 때가 있는데 매년 2월은 가장 까다로운 기간이다. 음력 달력에 따라 다르지만 매년 2월에 2주간은 베트남의 모든 비즈니스가 소위 '셧 다운(Shut-down)'되기 때문이다. 바로 베트남의 음력 설인 '뗏(tet)' 기간이다. 베트남 최대의 명절이자 민속 축제인 뗏이란 한자어 '뗏능우엔 단'(tet Nguyen dan, 節元旦)을 짧게 부르는 말로 원단(元旦), 즉 새해 첫 아침의 축제(Feast of the First Morning of the First Day)를 의미한다.

과거에는 뗏 기간이면 길게는 한 달가량 쉬기도 했어서, 음력

1월을 쉬는 달이라고도 불렀다. 국가가 지정한 공식 명절은 일주일이지만 대부분의 사업체가 2주를 쉬기 때문에 안 그래도 날짜가 적은 2월 한 달 내내 구체적인 업무 진행이 어렵다고 보면 된다. '뗏'이 되면 베트남 정부가 근로자에게 2개월치 급여와 2주일 휴가를 동시에 보장해주므로 공장도 사실상 임시휴업에 들어간다. 이 시기에는 점주와 고객이 귀향하기 때문에 도시에서도 많은 상점의 셔터가 내려진다. 여행사도 이 기간만큼은 피하라고 한국 관광객에게 얘기할 정도로 온 나라가 가족에게 돌아가는 기간이다.

뗏 명절을 보면 베트남인이 가족의 가치를 얼마나 중요하게 여기는지 알 수 있다. 도심 각처로 나간 자식들이 돌아오고 시골마을에 모여 친지와 그간의 얘기를 나누며 한껏 가족 속으로 들어가는 '뗏'은 우리나라의 추석과 설을 떠올리게 한다. 아열대 기후인 베트남에서는 일 년 내내 농작물을 수확하므로 한국의 추석 같은 가을 명절이 따로 없다.

베트남 친구의 얘기로는 가족의 대소사(예를 들어, 많은 형제 중에 누가 대학을 가고 누구는 군대를 가는지,[4] 온 가족이 돈을 모아 누가 도시에 아파트를 사는지 등)를 뗏 기간 동안 집안 어르신과 가족회의를 열어 결정하곤 한다고 한다. 베트남에서 부동산을 하는 지인은 건설사가 연말 연초에 아파트 분양을 집중하는 이유도 뗏이 있기 때문

---

4) 베트남에서는 18세에서 27세 사이의 남자는 병역의무를 져야 한다. 하지만 일을 하고 있거나 재학 중이면 연기를 할 수 있어서 입영 대상자의 6퍼센트 정도만 입대를 하고 있다. 베트남에서는 군복무를 의무라기보다 저소득층의 취업수단으로 생각되는 경향이 있다. 시골에서는 한정된 자원을 장남에게 몰아주므로 나머지 형제는 군대에 입대하는 경우가 많다고 한다.

이라고 말한다.

경제적 효과로서의 뗏

'뗏' 연휴 전 기간은 베트남에서 돈이 가장 활발히 흐르는 시기다. 앞에서 얘기한 대로 베트남에서는 모든 근로자가 기본급의 100퍼센트를 '뗏' 전에 보너스로 받는데, 대부분 전달 월급에 포함해 지급한다. 따라서 '뗏' 쇼핑 시즌은 음력 설 4주 전부터 시작된다. 직장인은 고향에 가져갈 선물을 구매하고 고향에서는 '뗏'을 준비

뗏 쇼핑시즌   출처: 베트남온라인

떼 기간 전년 대비 매출 성장률(도시)   출처: 칸타 월드패널 베트남

하느라 그야말로 연중 최대 쇼핑 시즌이 열리는 것이다. '뗏' 시즌
이 다가오면 상점에 다양한 선물 세트가 등장하고 다양한 할인 행
사도 같이 열린다. 칸타 월드패널(Kantar WorldPanel)의 조사에 따
르면 2018년 '뗏' 명절 기간 총 가내 구매는 2.2조 원 규모로 추산되
며 5명중 4명은 일용소비재(FMCG, Fast Moving Consumer Good) 제
품을 선물로 받았다. 최근에는 다양한 선물을 찾아 모던 트레이드
(Modern trade)와 온라인 등에서 구매하는 비중이 늘었으며 특히 온
라인 구매는 2017년 대비 180퍼센트가 성장했다. 가히 폭발적 성장
세라 할 수 있다.

　최근 소득 증가와 서구화의 영향으로 '뗏' 장기연휴 동안 가족단
위로 여행을 가는 경우도 많아지고 있다. 인기 있는 해외여행 상품
은 대부분 그 전해 12월에 완판된다. 여행사 통계를 보면 매년 '뗏'
연휴 기간 중 여행객 수가 20퍼센트 이상 증가했다. 베트남 관광객

을 유치하고자 하는 한국 관광 업계가 눈여겨봐야 하는 중요한 여행 시즌이다. 참고로 한류 덕분에 베트남인이 한국에 관심을 많이 보임에도 불구하고 아직 베트남인이 개인 여행을 하려고 비자를 신청하면 우리 정부는 불법 취업 등을 우려해 잘 내주지 않는다. 그러나 상대적으로 여행사가 단체로 제출하는 단체 여행 비자는 잘 발급되는 편이다. 따라서 베트남 관광객은 한국으로 여행 올 때 주로 단체 패키지를 이용하고 있다. 최근 베트남 주재 한국대사관은 3대 도시(하노이, 호치민, 다낭) 거주민을 대상으로 5년 복수비자를 발급하겠다고 발표했다. 실제로 발급받는 건 또 다른 이야기라 지켜봐야겠지만 현재도 연간 50만 명 정도가 한국을 방문하고 있는 베트남 관광객이 의미 있게 늘어날 긍정적인 뉴스라 할 수 있다.

여성의 경제적 독립, 높은 이혼증가율 그 함의는 무엇인가?

전통적인 유교 사상의 영향도 있고 전쟁의 상흔 탓에 베트남에는 남아 선호 사상이 뿌리 깊게 자리 잡고 있다. 특히 농경을 중시하는 지방에서는 대가족의 모든 경영을 남성이 주도하는 경향이 뚜렷했다. 하지만 사회주의체제가 지속된 이후에는 전통적인 베트남 여성의 역할과 지위가 변화했고 여성 스스로 사회 참여를 통해 그 위상을 높여왔다.

여성 권리 신장에 앞장 선 체제

1986년 '도이머이' 정책 이후, 급격한 도시화와 산업화 때문에 지방의 젊은 노동력이 하노이와 호치민 등 대도시로 몰리기 시작했다. 도시의 고용 수요가 급격히 증가함에 따라 가업인 농사를 책임지는 남성 대신 여성이 노동 시장에 진출하는 비율이 높아지면서 여성의 사회, 경제적 지위도 함께 높아졌다.

여권 상승에 베트남의 사회주의체제도 큰 몫을 했다. 베트남 정부는 2006년과 2007년에 동남아 국가로는 드물게 '남녀평등과 가정폭력 관련법'을 제정했으며 여성의 노동 시장 참여를 적극 권장했다. 그 결과 2016년에는 총 여성 국민 중 노동 인구 비율이 72.2퍼센트로 남성의 81.7퍼센트와 비교했을 때도 그리 낮지 않고 다른 국가와 비교하면 상대적으로 매우 높았다.[5]

테크크런치(TechCrunch)에 의하면 베트남은 아시아 태평양 지역에서 중소기업 창업가 중 여성의 비중이 오스트레일리아에 이어 2위다. 이는 총 중소기업 창업가 중 25퍼센트[6]를 차지해 동남아 평균인 8퍼센트보다 압도적으로 높았다. 베트남의 최대 민간 저가항공사인 비엣젯(Vietjet)의 1대 주주이자 CEO인 응웬 티 푸엉 타오(Nguyen Thi Phoung Thao)는 동남아시아 여성으로는 처음으로 블룸버그가 선정하는 억만장자에 올랐다. 이처럼 베트남 경제에서 여성들의 활약이 눈부시다.

여성의 경제적 독립은 이혼율 증가로 이어졌다. 이혼은 한때 베트남에서는 상상도 할 수 없던 일이었지만 이제는 하나의 선택지

---

5) 신화, "Single women enjoying independent lives on the rise in Vietnam's cities.", April 28, 2017
6) 베트남 인베스트먼트 리뷰, "Vietnamese Women at forefront of entrepreneurship"

비엣젯의 창업주이자 CEO인 응웬 티 푸엉 타오
출처: 베트남 인베스트먼트 리뷰

가 됐다. 베트남의 문화스포츠관광부(Ministry of Culture, Sport, and Tourism, 우리나라의 '문화체육관광부'에 해당)와 통계청이 공동 연구한 자료에 따르면 2000년 5만1361건, 2010년 8만8591건, 2013년에는 14만5791건으로 베트남의 이혼율이 빠르게 증가하고 있다. 특히 젊은 세대의 이혼(23세에서 30세 사이)이 빠르게 증가하고 있으며 70퍼센트 이상의 이혼이 결혼 기간 1년에서 7년 사이에 발생하고 있다.[7] 여성의 지위가 높아져 최근 여성이 주도하는 이혼이 70퍼센트 수준을 넘고 있다는 사실도 여성의 경제적 독립과 변화하는 결혼관을 보여준다.

도시에서는 경제적으로 독립할 만한 능력이 생긴 여성이 더 이상 가부장적 가족 체계를 받아들이지 않고 '싱글맘'으로 사는 경우가 많

7) 신화, "Feature: Divorces on the rise among Vietnamese young couples.", August 22, 2014

아지고 있다. 정확한 통계로 나와 있지는 않지만 도시에서 직장을 다니며 남편 없이 자녀를 키우는 '싱글맘'이 늘어나고 있다고 한다. 실제로 내가 업무상 만나는 증권이나 금융 쪽 여성 전문 인력 중 혼자 또는 부모님과 함께 살며 아이를 키우는 '싱글맘'이 꽤 된다.

눈에 띄는 여성의 약진

딜로이트(Deloitte)의 발표에 따르면 베트남의 여성 임원 비율은 아시아 최고 수준인 17.6퍼센트로 한국의 4.1퍼센트와 비교했을 때 매우 높다. 베트남 통계청에 따르면 2017년 2분기 베트남 전체 경제 활동 인구 중 여성의 비율이 48.2퍼센트로 남성과 별 차이 없는 수준이다. 이처럼 여성의 경제적 독립과 자녀를 혼자 키우는 도시 여성의 증가는 베트남의 소비 형태를 바꾸어 놓았다. 여성 화장품, 유아용품, 키즈카페에 지출하는 비용이 인구 전체의 소득 수준에 비해 높은 것도 이와 같은 현상과 무관하다 할 수 없을 것이다.

08

돌아오는 보트피플, 비엣큐(Viet Kieu)와 유학생(Du hoc sinh), 다음 세대 베트남의 중추

베트남 전쟁이 끝난 후, 사이공이 몰락하자 북베트남의 공산주의 정권을 피해 약 200만 명이 고향을 버리고 난민이 돼 베트남을 떠났다. 베트남 난민의 엑소더스는 1990년대까지 이어졌다. 유엔은 1975년에서 1995년 사이 제3국에 도착해 정착한 난민의 수를 약 80만 명으로 추산하고 있다. 안타깝게도 많은 난민이 이동 중에 새로운 고향을 찾지 못하고 세상을 떠났으며 고향이 아닌 타국에서 경제적 기반도 없이 시작하는 베트남 '보트피플'의 삶은 결코 평탄하지 않았다. 말도 안 통하는 낯선 땅에서 많은 베트남 난민은 최저임금을 받으며 허드렛일로 삶을 이어갔다. 하지만 베트남인 특유의 근면성실함과 끈기로 새 삶을 개척한 베트남인도 많다. 2017년에 미국 이민국이 파악한 결과에 의하면 미국에서는 베트남 이민자가 다른 국가에서 온 이민자의 평균소득보다 높은 소득을 올리고 있다.

'비엣큐'라고 통칭되는 베트남 해외동포 디아스포라가 베트남 경제에서 차지하는 역할이 매우 커지고 있다. 대외경제정책연구원에 따르면 비엣큐는 약 450만 명으로 FDI, ODA와 함께 베트남 경제 개발의 주요 자금줄 역할을 하고 있다. 사실 오랫동안 베트남 정부는 비엣큐를 공산주의 체제를 버리고 나라를 떠난 배신자로 인식해 곱지 않은 시선을 보내왔다. 하지만 '도이머이' 개방정책이 시작되면서 해외에서 성공한 비엣큐의 자금력과 네트워크의 중요성을 깨달은 베트남 정부는 1999년부터 비엣큐의 국내 투자를 허용했다.

베트남 정부는 해외동포관리국(Viet Kieu Affairs)까지 외무부 산하에 두고 비엣큐를 적극 관리하고 있으며 2007년부터 비엣큐를 대상으로 비자를 면제해 주기 시작했다. 또 2008년부터는 해외 시민권을 유지하면서 베트남 시민권을 신청할 수 있도록 허용했으며 해외 투자자보다 약 20퍼센트가량 소득세를 감면하는 세금 감면 혜택도 주고 있다 .

현재 비엣큐가 본국으로 송금하는 금액은 연간 베트남 GDP의 8퍼센트 수준이다.[8] 베트남 해외동포관리국은 2018년 한 해 베트남의 타발송금환(inward remittance)이 17조 원에 달할 것으로 전망되고 있다. 이는 2017년의 약 15조 원 대비 2조 원이나 늘어난 금액이며

---

8) Andrey E. Tyabaev외 3인, "Capital investment of overseas Vietnamese to the economy of the Socialist Republic of Vietnam."

세계 10위, 동아시아에서는 중국과 필리핀에 이어 세 번째다. 이 중 과반 이상을 미국과 캐나다 등 선진국에 거주하는 비엣큐가 송금했다. 전문가들은 송금 금액이 꾸준히 증가한 이유를 해외에 거주 중인 베트남인들이 조국의 성장에 확신을 가지기 시작했고, 부동산 같은 베트남의 다양한 투자 기회가 열렸기 때문이라고 판단하고 있다. 더욱이 비엣큐가 송금하는 외환 투자금은 베트남 환율 안정화에 중요한 외환 공급 채널이다. 외환 투자금은 FDI와 함께 금융 위기 때 큰 부침을 겪은 동(Dong)화의 가치를 지탱해주는 든든한 버팀목이 역할을 하고 있다.

이와 더불어 비엣큐는 베트남 부동산 투자 시장의 큰 손이다. 비엣큐가 베트남 본국으로 송금하는 금액 중 부동산 투자에 흘러들어가는 비중은 약 20퍼센트 정도로 추산되고 있다. 베트남 정부가 2015년부터 비거주 해외 동포의 부동산 소유를 허락함에 따라 외국인 소유 제한비율인 부동산 쿼터제에서 예외를 적용받아 따로 30퍼센트의 쿼터를 받았다. 또 부동산 소유 수에 제한이 없어 투자 대상으로서 부동산을 운용하기에 용이해졌다. 부동산 전문가들은 호치민과 하노이의 중상급 아파트 가격을 상승시킨 주체를 비엣큐로 보고 있다. 나도 호치민 시에 빈홈즈(Vinhomes) 아파트를 네 채 가지고 있다는 미국에서도 온 비엣큐를 만난 적 있다. 미국 캘리포니아에서 베트남 쌀국수 음식점을 여러 곳 운영하고 있다는 이 비엣큐는 아직 제도상 불편이 있지만, 그래도 지금 살고 있는 미국에서는 그만한 수익이 기대되는 투자처를 찾아볼 수 없어 베트남 부동산과 주식에 적극적으로 투자하는 중이라고 말했다. 그는 또 비엣큐의 자산만 관리해 주는 회사가 있어 그곳을 통해 다양한 투자를 하고 있다고도 했다.

성공한 1세대가 베트남의 투자자 역할을 하고 있다면 1세대 이민자가 일궈 놓은 안정된 환경에서 자란 2세대 베트남계 해외 동포는 선진국의 교육과 언어를 배웠고 문화적으로 친밀해 부모의 고향 베트남과 서구를 잇는 중요한 가교 역할을 하고 있다.

FDI가 빠르게 증가하며 베트남이 경제적으로 성장하자 외국어를 모국어로 사용하면서도 베트남 문화의 가정에서 자란 그들에게 베트남은 새로운 기회의 땅이 되고 있다. 현재 선진국에서 경험하지 못한 경제 성장률과 다양하게 펼쳐진 기회를 보고 베트남으로 돌아오는 2세대 비엣큐가 늘어나고 있다. 내가 업무상 만난 미국계 투자은행(IB) 출신의 비엣큐는 미국 캘리포니아에서 태어나 남가주주립대(USC)에서 경제를 전공하고 투자은행에서 일한 경험을 살려 베트남에 직접 작은 인수합병 전문 자문사를 차려서 운영 중에 있다.

베트남 외국계 기업이나 현지 기업에 취업하는 비엣큐도 많다. 해외 기업이 베트남에 진출하면서 가장 애를 먹는 부분이 언어와 문화의 차이라고 한다. 높아지는 해외 기업의 관심에도 불구하고 언어와 문화가 다른 현지 직원과 문제가 장벽으로 작용해 왔다. 금융, 서비스업계에도 양쪽의 언어와 문화를 고루 이해할 수 있는 현지 인력 풀이 극히 제한적이라 해외 투자자들이 적극적으로 투자하는 데 진입장벽이 되고 있다. 이러한 언어·문화적 차이를 비엣큐가 훌륭히 메워주고 있다. 또, 해외에서의 경험을 바탕으로 창업전선에 뛰어드는 비엣큐도 많다. 개인적으로 비엣큐 창업자는 선진국의 투자 언어를 이해하고 있고 해외 투자자가 선호하는 비즈니스모델을 잘 알고 있어 투자자 입장에서 대화하기에 훨씬 수월했다.

비엣큐와 더불어 베트남으로 돌아오는 유학생(Du hoc sinh, 베트남에서는 일반적으로 유학생까지 통칭해서 비엣큐라 부르는 경우가 많다)도 성장하는 베트남 경제의 훌륭한 윤활유 역할을 하고 있다. 뒤에서 자세히 소개할 빈그룹의 팜 회장이나 비엣젯의 타오 회장 모두 러시아 유학생 출신이다. 대표적으로 미국 내 베트남 유학생 수는 경제가 본격적으로 성장하기 시작한 2000년대 초부터 급격하게 늘어나면서 현재는 3만 명이 넘을 것으로 추산된다.

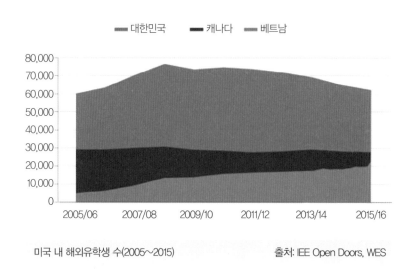

미국 내 해외유학생 수(2005~2015)　　　　　출처: IEE Open Doors, WES

많은 유학생이 해외에서 대학을 다니고 직장 경험을 한 후 베트남으로 돌아오고 있다. 선진국에서의 경험과 언어를 배경으로 이들은 비엣큐와 마찬가지로 베트남에 진출한 다양한 해외 기업에 취업하기도 하고 국내 기업의 해외 업무 담당자로 일하기도 하면서 베트남과 세계를 연결하고 있다. 이들은 또 소득 수준이 높아 내수 시장에서 적극적으로 해외 유명 트랜드를 소비하고 있어 소비 시장에서 KOL(Key Opinion Leader) 역할도 담당하고 있다.

이처럼 베트남 경제에서 다양한 역할을 하고 있는 비엣큐를 베트남에 관심이 있는 투자자라면 유심히 지켜봐야 하겠다.

09

베트남의 지역감정, 어쩌면
우리의 그것까지도 비슷할까?

베트남은 1600킬로미터에 달하는 긴 국토를 가지고 있다. 오랜 기간 외세의 침략이 있었고 1954년 체결된 제네바 협정으로 북위 17도를 기점으로 북베트남(공산주의)과 남베트남(자본주의)로 갈라졌다. 베트남 전쟁에서 승리한 북베트남은 전쟁이 끝난 뒤 남베트남 편에 섰던 부역자를 대대적으로 숙청했다. 남베트남의 공무원이나 시민은 짧게는 수년, 길게는 10년 이상 '사상 교육'이라는 명목으로 노동 교화나 감금을 당했다. 수십만 명으로 추산되는 '보트피플'도 이 숙청과 공산주의 정권을 피해 다른 나라로 망명했다. 길게 늘어선 국토의 양 끝단에 있는 '하노이'와 '호치민'은 날씨, 지리, 역사, 문화, 음식, 출신인의 성향 등이 오래 전부터 아주 달랐다. 하노이는 11세기부터 베트남의 정치, 문화 중심지로의 역할을 해 왔다. 이에 비해 호치민은 프랑스 식민 통치기에 건설된 항구로서 무역과 상업의 중심지 역할을 담당했다. 이런 역사적 배경 때문에 '하노이'는 '보수적'이고 '호치민'은 '개방적'이다. 공공 기관이 많이 모여 있는 하노이는 중국의 베이징과 같은 분위기이고 예부터 외국의 영향을 많이 받은 호치민은 상하이와 비슷하다.

이렇게 차이가 큰 만큼 베트남에도 북부와 남부 출신 사람들 사이에 지역감정이 있다. 이를 베트남에서는 꿉 포 디아 퐁(cuc bo dia phuong)이라 하는데 북부 사람은 남부 사람의 개방적인 모습을 보고 천박하거나 기품 없다고 얘기하고 남부 사람은 북부 사람의 보수적인 색체를 답답하거나 음흉하다고 생각하는 경향이 있다. 베트남이 통일된 지 수십 년이 흘렀지만 지금도 베트남 남북 간에는 사돈맺기를 꺼리는 등 그 앙금이 남아 있는 듯하다. 공산당 지도부 내에서도 북부 출신은 전통적이고 보수적인 공산주의사상을 추종하며 친중(親中) 성향을 띠는 반면 남부 출신은 개혁파로 분류되며 친미(親美) 성향이 강하다.

최근 베트남 축구대표팀을 괄목할 만하게 성장시키며 세계무대에 올려놨다는 평가를 받는 박항서 감독이 성공한 이면에는 지역감정에 휩쓸리지 않는 '외국인'이었기에 가능했다는 분석도 있다. 현지 체육계 관계자에 따르면 박 감독 직전 베트남 대표팀 감독이던 후 탕은 북부지역 출신인데 남쪽 출신 선수를 거의 기용하지 않았다고 한다. 최근 베트남 축구의 간판스타로 등극했고 우리와의 아

Viet Nam vo dich! '무적 베트남'이라는 의미의 베트남 축구 응원구호
출처: 베트남 축구협회 페이스북

시안 게임에서도 활약한 판반득(Phan Van Duc)은 뛰어난 기량임에도 불구하고 남쪽 출신이라서 중용되지 못했다고 믿는 축구 팬들이 많다. 그 관계자는 "이 때문에 베트남의 전력을 100퍼센트 끌어 모으기 힘들었고, 다른 출신지 선수한테는 심지어 패스가 제대로 되지 않았다"며 "그런 장면을 방치하는 감독을 선수들은 존경하지 않았다"고 말했다.[9]

최근 베트남 축구대표팀을 이끌고 10년 만에 아세안축구연맹(AFF) 스즈키컵을 우승한 박항서 감독은 어느 인터뷰에서 "항상 '나'가 아닌 '우리'를 베트남 정신으로 무장한 선수들에게 강조하고 있다"면서, "경기에 져도 고개 숙이지 말라"는 얘기를 자주한다고 했다. 사상보다 민족주의를 강조하며 '우리'를 외치던 호치민과 결전결승(決戰決勝)을 마음에 새기는 지압 장군의 기개가 느껴지는 말이다. 말도 안 통하는 선수를 따듯하게 안아주는 그의 모습에서 어

---

9) 정민승, "짜오! 베트남" (한국일보, 2018.8.29.)

찌면 베트남 국민은 호치민과 지압 장군을 느꼈을지도 모르겠다. 스즈키컵에서 우승하는 날, 베트남의 모든 국민은 출신 지역과 빈부에 상관없이 "Vietnam Vo Dich(베트남 무적)!"를 연호하며 하나의 베트남이 되었다. 그 화합에는 자랑스런 우리나라 박항서 감독이 있었다. 베트남 직원을 고용 관리해야 하는 업무를 하시는 분들이 꼭 마음에 새겼으면 하는 멋진 리더십이다.

이처럼 베트남에는 과거 우리의 그것과 비슷한 지역감정이 있다. 또한, 호치민과 하노이는 꽤 다른 성향과 문화를 가지고 있다. 베트남의 북부와 남부 차이를 이해하고 볼 수 있는 눈이 필요하다.

chapter 2

베트남의 공산당,
다음 세대를 꿈꾸다

01

독립 이후의
베트남의 경제

중간 부흥기를 이끈 도이머이

베트남은 독립 이후 공산당 1당 체제하에서 고립주의를 택했다. 그 때문에 개발과 성장이 느려졌다. 관료주의가 팽배했고 하향식 통제 탓에 경제는 악화일로를 걸었다. 1986년 한 해 동안 인플레이션이 700퍼센트 이상 치솟았고 임금이 30퍼센트나 인상되는 등 민생경제는 파탄에 이르렀다.

결국 1986년에 전후 공산당을 이끌던 보수주의 레 주언(Le Duan) 서기장이 사망하고 얼마 후 베트남 공산당은 제6차 전당대회에서 보수파를 퇴출하고 '베트남의 고르바초프'라고 서방에 알려진 응우옌 반 린(Nguyen Van Linh)이 서기장으로 취임해 개방정책 슬로건인 '도이머이'를 선언한다. 도이머이는 공산주의의 기본 골격을 유지하면서 자본주의 시장경제를 접목하는 방식이다. 첫째, 국가의 거시적 경제조정을 전제로 하는 시장경제 요소의 도입. 둘째, 국영기업 부문이 주도적 역할 맡는 다부분 경제체제의 구축. 마지막으로 국제시장 진출과 대외경제 협력활동을 활성화하는 내용으로 구성돼 있다. 결론부터 말하면 '도이머이' 정책은 베트남을 경제 파탄에서 구해내 신흥국 반열에 올린 성공적인 정책이었다. 2009년 글로벌 금융위기로 직격탄을 맞기 전까지 베트남은 '도이머이' 정책 덕분에 세계 투자자의 관심을 받기 시작했으며 FDI가 눈에 띄게 증가했다. 이와 같은 FDI는 국내 고용을 늘리고 기술 이전 효과로 산업 전후방을 이끌어 주었다. GDP는 8퍼센트대 성장을 거듭했고 주식시장도 활황을 이어나가 2007년 1월에는 VN지수(베트남 주가지수)가 1137포인트까지 상승했다. 2003년 1월의 동 지수가 145포인트였음을 감안하면 실로 놀라운 상승이다. 우리나라에도 베트남 투자 광풍이 불었고 중소 건설사들이 적극적으로 베트남 시장의 문을 두드렸다.

안타깝게도 베트남의 '도이머이'는 외국인 투자자의 관점에서는 절반의 성공이었다. 사실 베트남은 1978년 캄보디아를 침공했다가 미국이 주도하는 전 세계적인 금수조치를 당해 국제금융기구에서 차관을 빌릴 수도, 선진국에서 ODA를 받을 수도 없어 경제개발에 필요한 자본을 조달할 길이 막혀 있는 상태였다. 1993년, 미국이 국제금융기구의 대 베트남 융자를 허용하면서 '도이머이' 정책을 발표하고 7~8년이 흐른 후에야 국제사회로부터 자금을 조달받을 수 있었다. 특히 '도이머이'의 개혁 개방은 관료주의에 막혀 외국인 투자자가 원하는 만큼 빠르게 이루어지지 못했으며 국영기업 중심의 다부분 경제체제는 높은 민영화 요구에 대응하지 못하다가 시장의 신뢰를 잃었다. 풍부한 노동력과 저임금이란 요소 외에는 베트남 투자 환경이 실질적으로 개선되지 못했다는 판단에 FDI도 증가 속도가 둔화됐다. 베트남은 기존 성장률 수준을 맞추고 고용을 유지하고자 막대한 재정을 투입했다. 즉, 은행 돈을 국영기업에 퍼부었다.

하지만 당과 정부, 은행, 기업이 모두 긴밀하게 엮여 있는 시스템으로는 상호 견제를 할 수 없어 효율성이 떨어질 수밖에 없었으며 막대한 재정적자와 함께 은행 부실이 부메랑처럼 돌아왔다. 정부가 주도한 국영기업이 무리하게 사업을 확장하거나 묻지마 투자를 감행함에 따라 부실 채권은 빠르게 늘어났다. 글로벌 경제 불안으로 환율이 치솟자 은행은 금리를 올렸고 중소기업이 줄줄이 쓰러졌다. 결국 글로벌 금융위기의 직격탄을 맞고 베트남 경제는 오랫동안 성장 부진의 늪에 빠져야 했다. 연일 오르던 주가는 곤두박질 쳤고 2009년 1월초 VN지수는 245포인트까지 하락했다. 이처럼 베트남은 세계경제 무대 데뷔전을 혹독하게 치르며 값비싼 수업료를 지불했다.

중국의 대안자로서의 베트남

세계가 금융위기의 상흔에서 서서히 회복할 때쯤 베트남이 다시 부각되는 계기가 있었으니 그것은 중국이 양적 성장에서 질적 성장으로 전환하겠다고 선언한 사건이었다. 높은 규제와 자국 기업 우선주의를 펼치는 중국 정부의 정책에 지친 글로벌 기업이 중국의 대안으로서 베트남을 선택하기 시작했다. 그 중심에 현재 베트남 전체 수출액의 20퍼센트 이상을 차지하는 '삼성전자'도 있었다. 금융위기로 경제가 침체되고 경상수지 적자가 누적돼 허덕이던 베트남 정부는 다시 한 번 세계시장에서 불어오는 호의적인 관심에 적극적으로 투자 환경을 개선하고, 환태평양 경제동반자협정(TPP)을 비롯해 주요 교역국과 무역협정을 체결해 우호적인 수출 인프라를 구축함으로써 화답했다. 2017년에 APEC 정상회의 개최국인 베트남은 '신(新)도이머이'라 불리는 친 기업 정책을 발표했다. 법인세 인하와 외국인 보유 지분율을 확대했으며 한·베트남 FTA를 비롯해 12개의 FTA를 체결할 정도로 적극적인 개혁·개방 의지를 보여주고 있다. 베트남은 오는 2020년까지 55개국 및 G20의 15개국과 자유무역협정을 맺는 것을 목표로 하고 있다.

하지만 무역협정만으로는 투자자의 높은 기대를 만족시키지 못한다. 현지 투자 기업은 베트남에 적극적인 부패 척결과 인프라 확충을 요구하고 있다. 현지에서 사업하려면 많은 인허가가 필요하다. 고속도로 인프라도 부족하고 철도와 수송 인프라도 열악해 운송비가 비싸다. 인건비가 빠른 속도로 상승하고 있는 것도 부담이다.

02

재정 적자, 가파른 경제성장의
피할 수 없는 비용

부담되는 공공 부채 증가

　베트남은 50년대의 우리나라처럼 70년대에 전쟁으로 쑥대밭이
된 땅에서 출발해 전쟁의 상흔을 딛고 최근 10년간 연평균 7퍼센트
가 넘는 경제성장률을 보이며 산업화에 성공해서 개발도상국 후보
로 도약했다. 글로벌 금융위기로 한때 휘청하기는 했지만 전반적으
로 베트남은 2007년에 150번째 국가로 WTO에 가입한 이후 견조한
경제 성장을 이어오고 있다. 하지만 지속적인 성장을 견인해야 하는
사회, 경제적 인프라 개발에 자금을 조달하느라 정부의 공공 부채[10]

---

10) 베트남 공공부채 관리법(2009년)은 국가채무(government debt)와 국가보증채무(government
　　guaranteed debts), 지역정부(local administrations)의 채무를 모두 공공부채로 정의하고 있음.

는 계속 증가하고 있다. 최근 GDP 대비 공공 부채 비율이 60퍼센트 이상을 상회할 정도로 높아졌다. IMF는 베트남 중앙은행과 국영 기업의 부채까지 합치면 실질 공공부채는 GDP 대비 100퍼센트에 육박한다고 밝혔다.

공공 부채의 증가 원인은 매년 발생하고 있는 재정 적자다. 지난 10년 동안 GDP 대비 국가 예산 적자는 5퍼센트를 계속 초과하고 있다. 6~7퍼센트라는 견조한 GDP 성장에도 불구하고 재정 적자는 줄지 않고 있다. 세수 측면을 보면 법인세분을 관세와 특소세로 충당하는 구조로 돼 있는데 다양한 무역협정 체결로 관세 수입이 줄어들면 재정 적자가 더 크게 부담될 것으로 보인다. 더불어 세계은행(World Bank)은 베트남의 1인당 GDP가 상승했다는 이유로 ODA 자금 지원을 2017년부터 공식적으로 중단했다. 따라서 국내 인프라 개발에 대한 베트남 정부의 부담은 크게 가중됐다. 지출 측면을 봐도 공무원 인건비 등 경상비 지출은 증가하는 한편, 개발 프로젝트에 투자되는 비중은 줄고 있어 공공 부문의 비효율적인 운영과 투자 우선순위 문제, 그리고 부정부패에서 발생하는 손실이 큰 것으로 분석되고 있다.

적자가 지속됨에 따라 공공 부문 부채가 GDP의 65퍼센트 상한선에 근접하고 있다. 이에 IMF는 2016년 7월, 증가하는 재정 적자와 공공 부채 관리를 심층 리포트하며 베트남 정부에 경고했다. 공공 부채 증가에 대한 대내외의 우려가 높아지자 베트남 정부는 공공 부채 관리에 많은 관심을 기울이고 있다. 공공 영역의 축소는 불

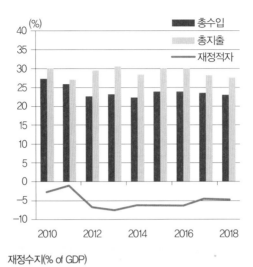

재정수지(% of GDP)

출처: IMF, with its staff estimate for 2018

가피할 것으로 보이며 민간 부문을 활성화해 보충할 것으로 예상된다. 정부가 빠듯한 예산으로 공급하고 있는 교육, 의료뿐 아니라 다양한 영역에서 민간의 참여가 늘어날 것으로 보이며 공공−민간 협력(PPP)도 확대될 것으로 전망된다. PPP와 민간 금융으로 자금을 조달하겠다는 개발 프로젝트가 증가할 것으로 판단되며 국영 기업의 발 빠른 민영화가 불가피하다.

민영화로 해소 계획 세워

이에 베트남 정부는 2020년까지 375개의 공기업을 완전 또는 부분 민영화해 약 5조 원을 확보하겠다는 계획을 수립했다. 2017년에

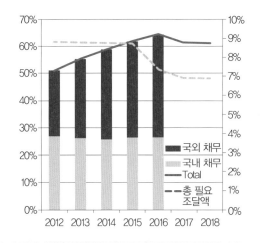

공공부채와 필요조달액(GFN) (% of GDP)
출처: State Bank of Vietnam

주식 시장이 연중 40퍼센트 이상 상승할 정도로 활황인 가운데 20개의 공기업을 부분 민영화했지만 당초 계획한 90개에는 훨씬 못 미쳤다. 2018년은 미국 금리인상 사이클과 미−중 무역전쟁의 영향으로 베트남 주식 시장이 조정기에 들어감에 따라 예정한 64개 기업 중에 10개 기업만 민영화하는 데 그쳤다. 그나마 추진한 몇 건의 공기업 민영화도 낮은 가격과 저조한 참여율 탓에 취소되자 시장에서 우려의 목소리가 나오고 있다. 이처럼 계획보다 정부의 공기업 민영화가 늦어지면 기본적으로 재정 자원를 확보하기 어려울 게 자명하다. 뒤에서 살펴보겠지만 나는 재정 적자로 발생하는 거시경제적인 문제점보다 이런 재정 적자 때문에 생기는 민간의 기회에 더 관심을 가져야 한다고 생각한다.

03

베트남의 국영 기업 개혁, 긴 여정의 서막과 과제

지속적인 민영화 추진

국영 기업을 짚지 않고 베트남 경제와 정부 정책을 얘기한다는 것은 어쩌면 정작 중요하고 예민한 주제를 이야기하지 않고 넘어가는 것일지 모른다. 앞에서 살펴본 대로 1986년 '도이머이' 정책을 도입해 시장경제와 개방 경제를 받아들이기 시작한 베트남은 국영 기업 개혁을 중요한 아젠다로 정하고 민영화, 인수합병 그리고 문제가 되는 국영 기업의 구조 조정을 목표로 삼았다. 주식시장과 회사법이란 기초조차 없던 1990년대 초반에는 중앙 또는 지방정부가 주도해 중소 국영기업을 개혁하는 데 그 노력을 집중했다. 전략적으로 중요한 사업은 작은 그룹으로 국영 기업을 재편하는 방식으로 진행했다. 워낙 초기이고 자본 시장의 지원을 받을 수 없던 시기라 눈에 띨 만한 성과는 내지 못했다. 2005년 즈음부터 베트남 경기가 FDI로 활기를 띠기 시작하자 국영 기업은 주력 산업이 아닌 데까지 손을 뻗으며 사업 확장을 통한 대기업화를 시도했다. 비주력 사업으로 무리하게 확장한 데는 뿌리 깊은 부정부패도 한몫했다. 금융위기 이후 대규모 통화 정책을 펼친 덕분에 자금 조달이 더 용이해진 대기업은 부동산 투자와 지분 투자로 경영 효율을 무시한 채 덩치만 키워나갔다. 그러던 중 글로벌 금융위기가 발생해 통화가 폭락하고 정부가 인플레이션을 잡으려고 긴축 통화정책으로 선회하자 국영 대기업의 거대한 부실 자산이 수면 위로 떠올랐고 많은 기업이 사실상 파산에 이르렀다.

베트남은 2000년대에 WTO 가입을 준비하며 국제 기준에 맞추기 위해 국영 기업을 민영화하기 시작했다. 국영 기업의 형태를 주식합명회사(Joint Stock Company)로 변경하고 지분을 민간 시장에 매각할 수 있도록 했다. 그리고 SCIC(The Vietnam State Capital Investment Corporation)라는 국가 자산 관리 기업을 설립해 민영화를 주도했다. 또한 민영화된 국영 기업을 시장에 상장함으로써 지속적으로 추가 자본 조달과 경영 건전화가 이루어지도록 유도했다. 하지만 이와 같은 정부의 노력은 애초에 국영 기업이 맡아야 하는 거시경제의 조정자 역할(시장의 수요와 공급을 조정함으로써 직접 시장에서 조정자의 역할을 수행하는)과 고용 보장이라는 기능을 더 중요하게 생각하는 국가 기관과 중앙·지방정부의 저항에 부딪혀 눈에 띄는 성과를 내지 못했다.

금융위기 때 홍역을 치른 베트남 정부는 2011년부터 성장 주도에서 안정적 성장을 추구하는 방향으로 경제발전계획을 수정했다. 이에 따라 국영 기업 개혁이 가장 중요한 과제로 다시 등장했다. 특히 2011년 대규모 부실이 드러난 베트남 최대의 조선 지주회사인 비나신(Vinashin)의 파산이 계기가 됐다. 2014년에 베트남 정부는 정부의 자금 지원이 필요한 정도에 따라 국영 기업을 세 가지 단계로 구분했고, 민영화와 부분 상장 방식으로 자본 시장에 진출할 회사를 선정했다. 드디어 오랫동안 뜨거운 감자였던 민영화를 통한 국영 기업 개혁이 본격적으로 시작되는 시기였다.

2016년에 새롭게 들어선 개혁적 성향의 정부는 국영 기업 민영화에 속도를 붙이기로 결정하고 2014년에 분류한 기업 리스트를 재검토한 후 2020년까지 민영화할 137개 기업 리스트를 발표했다. 2017년에는 2020년까지 어떤 국영 기업의 지분을 얼마만큼 민영화할지를 포함해 구체적인 매각 일정을 발표했으며 재정부가 그 진행현황을 보고하도록 의무화했다. 하지만 개혁파였던 중 총리가 제12차 공산당전당대회에서 물러나고 그의 오른팔이던 딘 라 텅(Dihn La Thang) 전 페트로베트남(PetroVietnam) 회장이 부정부패 사건에 연루되면서 개혁파의 급진적인 공기업 민영화 계획에는 제동이 걸렸다. 이에 대한 후속조치로 베트남 정부는 2018년에 국영 기업의 민영화와 개혁을 주도하는 국가자본관리위원회(State Capital Administration Committee)를 구성해 과거 SCIC, 중앙·지방정부의 이

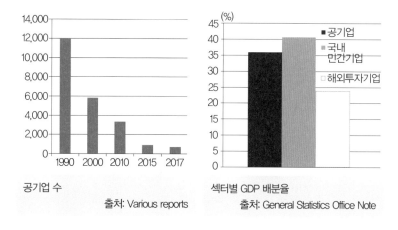

공기업 수
출처: Various reports

섹터별 GDP 배분율
출처: General Statistics Office Note

해가 첨예하게 엇갈려 진척하지 못한 작업을 조율하고 가속화하는 역할을 맡겼다.

앞에서 살펴본 바대로 베트남 정부는 지난 20년간 국영 기업을 개혁하고자 지속으로 노력했음에도 불구하고 아직까지 그렇다 할 만한 결과물을 만들어 내지 못하고 있다. 지금도 국영 기업은 베트남 GDP의 35퍼센트 이상을 차지하고 있으며 베트남 총 산업에서 60퍼센트가 넘는 시장점유율을 잠식하고 있다. 국영 기업의 가장 큰 문제는 시장의 감시를 받지 않으므로 자율적으로 부실화를 관리하지 못한다는 점이다. 지금처럼 인프라 투자가 늘고 공무원 인건비가 상승해 재정 적자가 거시경제에 부담을 주는 상황이라면 국영 기업은 더욱 부실화될 수 있다. 그리고 경제가 성장함 따라 국영 기업의 규모가 계속 확대되고 있고, 국영기업 간 상호 지분을 보유하면서 경제성은 점점 떨어지고 있다. 특히 해외 투자자의 눈에는 누적된 부실이 보이지 않아 잠재적 위험을 우려하는 목소리가 커지고 있다.

더딘 민영화는 걸림돌

더딘 민영화도 우려할 만한 부분이다. 베트남 정부가 재정 적자와 국가 부채를 해소할 가장 현실적인 방법은 국영 기업 지분을 상장하는 '부분 민영화'다. 하지만 시장에 적정 지분을 높은 가격에 매각하고 싶은 정부의 의지와는 다르게 투자자 입장에서는 공신력 있는 자료가 없으므로 투자를 꺼리고 있다. 회계가 불투명해 부실에 대한 위험을 알 수 없으니 정부와 투자자의 온도차가 매우 클 수밖에 없다. 국영 기업은 오랜 시간 시장경제체제에 노출되지 않은 독점 사업군(담배, 전력, 통신, 석탄, 원유, 천연가스, 농업 등)에 속해 있는 경우가 많아 자산수익률(Return on Assets)이 민간기업보다 낮으며 자본대비 부채비율(Debt to Equity)은 높다. 한마디로 독점력을 제외하고는 민간 기업과 비교했을 때 그다지 좋은 투자 대상으로 보이지 않는다.

최근 미국이 긴축에 들어갈 염려가 있고 미-중 무역전쟁의 여파로 베트남 증시가 조정에 들어간 상황이라 공기업을 부분 상장하겠다는 민영화 계획은 여의치 않아 보인다. 최근 베트남 전력 그룹 산하의 제3발전총공사(EVN Genco 3)나 국영고무공사(VRG) 등의 지분 입찰에 실패한 점도 후속 민영화 작업에 악영향을 끼치고 있다.

나는 지금이 한국 기업이 주요 사업 영역을 영위하는 베트남 국영 기업을 좋은 조건으로 인수 또는 투자할 수 있는 적기라고 판단한다. 베트남 정부도 적극적인 러브콜을 보내고 있다. SK와 삼성의 총수는 정부 고위 관계자와 직접 면담하면서 적극적으로 공기업 민영화에 참여하고자 하는 의지를 보였다. 베트남은 국영 기업의 규모와 종류가 워낙 다양하므로 중소·중견 기업도 이 기회를 놓치지 말고 적극적으로 움직여야 한다. 하지만 국영 기업의 인수나 지분 투자하기 전에 현지 네트워크를 통해 인수 대상의 평판을 조회하고 정확히 실사해 부실 정도를 확인해야 한다. 그리고 고용의 유연성 등을 정부와 긴밀하게 협의할 필요가 있다. 큰 기회만큼 높은 리스크가 상존한다는 사실은 자명하다.

04

베트남 공산당
그 리더십에 대하여

쭝 주석의 등장

베트남은 국가 최고 권력 기관인 공산당과 서열 1위의 서기장을 정점에 놓고 국가주석(외교, 국방), 총리(행정), 국회의장(입법)이 권력을 나누어 통치하는 체제다. 일당 집단 지도 체제를 유지하고 있으나 도이머이 이후 개혁파가 부상해 보수와 개혁 양 계파가 균형을 이뤄 서로 견제하며 의견을 수렴하고 있으며, 원로 정치인이 영향력을 발휘함으로써 비교적 안정적인 정치체제를 유지 중이다. 같은 사회주의 국가인 중국의 권력 구조와 흡사하나 중국은 시진핑이 총서기와 국가주석을 겸임하면서 집중된 권력을 누리는 반면, 베트남은 기본적으로 당 총서기와 국가주석을 분리한 분권형 구조를 지

응우옌 푸 쫑 베트남 공산당 서기장겸 국가주석
출처: 위키피디아

향해 왔다. 하지만 이런 구조에도 최근 변화 생겨 관심 있게 보아야 할 주안점이 생겼다. 최근 '신(新)도이머이'의 개혁, 개방을 주도적으로 이끌던 쩐다이 꽝(TranDai Quang) 국가주석이 갑작스레 별세한 후 보수파인 응우옌 푸 쫑(Nguyen Phú Trong) 현 서기장이 국가주석으로 선출돼 호치민 이후 최초로 서기장과 국가주석을 겸직하게 됐다. 따라서 세간에서는 베트남에도 '스트롱맨'이 등장하는 것이 아니냐는 예측을 하고 있다. 국가주석은 군통수권과 총리임명권까지 가지게 되므로 사실상 분권형 구조에서 중국식 집중 구조로 변화한 것으로 보인다. 쫑 주석은 대표적인 사회주의 이론가로서 보수파로 분류되고 있지만 '부패 근절'이라는 부분에 중점을 둔 온건 중도파로서 베트남의 안정적인 발전에 기여할 것이라는 판단이 대세다. 쫑 주석은 1947년도 지도를 내세우며 남중국해에 대한 통치력을 강화하려는 중국의 움직임과는 반대급부로 동남아에서의 지위를 강화하려는 미국의 움직임을 환영하고 있어 미국과의 관계 또한 지속적으로 개선될 듯하다.

레 주언 정권 이후 계속된 개혁파와 보수온건파의 파워게임에서 보수온건파 쪽으로 힘이 이동했으니 좌고우면하던 베트남의 정책이 한 방향으로 흐를 수 있겠다는 기대의 목소리가 많다. 반대로 베트남 전쟁 이후 공산화를 실현했지만 사회주의 이념에 함몰돼 경제를 파탄으로 이끈 레 주언 정권을 떠올리며 우려하는 목소리도 적지 않다.

중국과는 다른

베트남은 큰 그림에서 중국을 따라가고 있다. 중국처럼 개혁, 개방을 표방하여 굳게 닫혀 있던 시장의 문을 열었으며 국유 기업의 민영화를 통해 재정 적자를 확충하고 내실을 다지려 하고 있다. 베트남이 중국처럼 자국 기업 위주의 정책을 전개할지 아니면 지속해서 세계시장의 기대를 저버리지 않으며 포스트 차이나 시대를 열어갈 것인지는 쫑 정권의 의지에 달렸다고 본다. 지금까지 '신도이머이'를 내세운 베트남의 방향성과 정책은 세계시장의 기대를 충족시켜주는 수준이었다. 앞으로 개혁, 개방의 방향성에 따라 해외 투자자의 선호도가 갈린다는 것을 이미 경험해본 베트남이 중국의 전철을 밟을 것 같지는 않아 보인다. 또한, 미-중 무역전쟁의 여파로 중국에 생산 기지를 두고 있는 다국적기업이 베트남으로 이전을 꾀하고 있어, 혜택을 톡톡히 보고 있는 베트남 정부가 현재의 상황을 거스르는 선택을 하기는 쉽지 않아 보인다. 다만, 사회주의체제의 궁극적 목표는 성장보다 후생이라는 점과 중국이 어느 정도 성장을 이룬 뒤 폐쇄적인 경제로 회기하는 조짐을 보이고 있다는 점은 베트남을 바라볼 때 반드시 명심해야 하는 리스크임에는 분명하다.

중국의 예에서도 보았지만 강력한 공산당의 리더십과 개혁, 개방의 의지는 때로는 빠른 의사결정과 대규모 투자 개발 사업으로 이어지므로 해외 기업들에게 통 큰 인센티브를 제시할 수도 한다. 방향성이 맞으면 해외 투자자에게 훨씬 좋은 환경이 될 것이다. 따라서 앞으로 베트남 투자나 사업을 고려하고 있다면 공산당 전당대회에서 발표되는 경제 정책의 큰 방향성을 매우 중요한 요소로 살펴봐야 할 것이다.

05

스트롱 쭝의 시대,
'부패와의 전쟁'

부패 근절이 큰 이슈

베트남에서 사업을 하고 있는 지인은 베트남에서 뇌물이나 뒷돈 없이 사업하기가 참 어렵다고 하소연한다. 작은 공장 하나를 운용하려 해도 시정부, 소방기관, 공안 너나 할 것 없이, 사업을 힘들게 하려면 얼마든지 힘들게 할 수 있는 사람이 관여하므로 여기 저기 기름칠을 안 하면 큰 변을 당한다고 한다. 이처럼 베트남 공직 사회에는 알선료, 급행료 등 다양한 명목의 뒷돈 요구와 수수료 관행이 고착화돼 있는 실정이다. 베트남의 공무원 비리와 부패는 어제 오늘의 이야기가 아니다. 비리 액수와 규모에 차이가 있을 뿐 공산당 고위직부터 하위 말단 공무원까지 경제적 효율성과 국가 신뢰도를

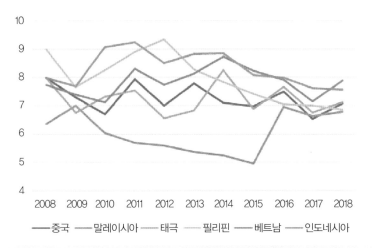

동남아시아 주요국 부패지수(중국 포함) 10점에 가까울수록 부패하다고 인식

출처: PERC(Political and Economic Risk Consultancy)

추락시키고 있다.

베트남에는 오래전부터 명절이 되면 지방정부가 중앙부처에, 하급자는 상급자에 선물하는 상납 문화가 만연했다. 최근 정부는 공무원의 명절 선물 상납을 금지하면서 적극적인 자정 감독을 하고 있으나 이런 정부의 노력을 바라보는 해외의 시선은 여전히 곱지 않다.

베트남의 부패지수는 2018년 PERC 발표 기준으로 아시아에서 캄보디아(8.13)에 이어 두 번째로 높다. 금융위기 이후 부패척결을 외치던 베트남 정부의 노력을 비웃기라도 하듯 좀처럼 공무원의 부패나 비리 문제는 나아지질 않고 있다. 베트남 정부도 이런 부패의 심각성을 인식하고 사정의 칼을 겨누기 시작했다. 한때 최대 국영 기업의 수장이던 찐 수안 탄(Trinh Xuan Thanh)이 법정에서 울먹이며 죄를 뉘우치는 장면이 언론을 타고 세계로 퍼지면서 유명해진 페트로베트남(PetroVietnam) 사건은 최근 베트남 정부의 '부패와의 전쟁'을 상징하는 사건이다. 독일로 도피한 탄 전 회장을 베트남 정보요원이 납치했다고 독일 정부가 발표하면서 더욱 화제를 모은 이 사건으로 전 호치민 시 공산당 당서기이자 전 페트로베트남 회장이던 딘 라 탕(Dinh La Thang)과 탄 전 회장을 포함해 48명이 기소됐다. 비리에 연루된 사람들은 방만하게 은행과 해외 지열발전소 등에 투자하면서 국가에 약 7000억 원의 손해를 입힌 혐의로 기소됐으며 탕 전 회장은 징역 13년 형, 탄 전 회장은 무기징역이라는 중형을 선고받았다. 참고로 베트남에는 반부패법 중에 '국가피해죄'가 있어 국영 기업 등 국가 자금이 투여된 기업을 방만하게 경영하거나 경영에 실패해 국가 재산에 중대한 해를 끼쳤을 경우 형사처벌 할 수 있도록 하고 있다.

새로운 스트롱맨의 시대인가

해외 언론에서는 이번 페트로베트남 사태가 단순 부패척결이 아니라 정치적 의도가 있다고 의심하기도 한다. 베트남은 5년마다 개최되는 공산당 전당대회에서 실질적인 권력이 결정되는 구조다. 최근 2016년에 제12차 베트남 공산당 전당대회에서 응우옌 떤 중

(Nguyen Tan Dung) 전 총리가 실각한 원인이 성급한 공산당 개혁이나 국영 기업 개혁에 부진했다는 당 지도부의 강한 반발 때문인 것으로 외부에서는 보고 있다. 탕 전 회장이 개혁 진영으로 알려진 응우옌 떤 중 전 총리의 오른팔이었고 차기 대권후보로 점쳐지던 전도유망한 정치가였음을 고려할 때, 공산당 내의 개혁 세력과 중도 보수 간 오랜 계파 싸움에서 승리한 쫑 서기장 측이 응우옌 떤 중파를 축출해 통치력을 일원화하려는 의도가 있다고 의심하고 있다. 또한 해외 언론은 쫑 서기장의 국가주석 겸임을 두고 중국 시진핑의 부패 척결 캠페인이 장쩌민 전 국가주석의 세력을 겨냥했던 것임을 예로 들어 쫑 시대가 새로운 스트롱맨의 등장을 알리는 신호로 보고 있다. 하지만 최근 베트남건설은행(VNCB) 전 행장에게 약 2000억 원을 불법 대출해준 혐의를 받고 축출된 전 베트남투자개발은행(BIDV) 회장 뜨안 박 하(Tran Bac Ha)의 사건에서 보듯이 쫑 정권의 사정의 칼날은 비단 정적이 아닌 시정부 같은 지방자치단체, 공기업, 은행, 경찰, 군대 등 계파 싸움에 연루되지 않은 곳까지 방대하게 겨누고 있어 예전과는 다른 양상이라는 의견도 있다.

옳은 길로 가라

이유가 어떻든 베트남의 부정부패와 비리는 반드시 해결해야 하는 문제다. 해외 투자자가 투자하려 해도 부정부패 없이는 진행 자체가 안 되는 안타까운 일은 더 이상 없어야겠다. 하나만 더 첨언하면 나는 베트남 투자 업무를 하면서 공산당 누구를 안다, 시정부의 누구를 안다는 등 정부와의 끈을 자랑하며 접근하는 소위 브로커를 종종 만났다. 한 번은 대기업 임원이 군부 2인자가 50 대 50으로 투자하면 군대 공급망을 뚫어주겠다는 제안이 있다고 어쩌면 좋겠느냐고 물어 본 적도 있다. 내 대답은 언제나 '절대 하지 마시라'였다. 영원한 권력이라는 것은 없다. 부정부패로 접근하는 시장은 일단 효율성이 무너진 시장이라 언제든 나를 돕던 힘이 나를 겨누는 힘으로 바뀔 수 있다. 따라서 뇌물이나 비리로 안 되는 것을 되게 하면 반드시 탈이 나게 돼 있다. 우리나라 기업도 성과 압박에 못 이겨 직원이 이와 같은 검은 제안에 넘어가지 않도록 내부통제를 강화해야 하겠다. 돌아가도 옳은 길로 가라는 것이 베트남에서 오랫동안 성공적으로 사업을 해온 분들의 한결 같은 조언이다.

06

자유주의 공산국가,
베트남

자유주의로 나아가는 사회주의

베트남은 '도이머이' 이후 시장경제를 도입했지만 공식적으로 아직 사회주의 공화국이다. 국가의 많은 재산이 정부와 군벌의 소유이고 민영화는 천천히 이루어지고 있다. 오히려 민영화보다는 새로운 시장경제체제하에서 성장한 빈그룹 등 민간 자본 기업의 활약이 눈에 띈다. 공산국가가 꿈꾸는 이상적인 모습은 자본재의 공적 소유, 인간 평등에 반하는 계급 및 사유재산의 소멸이며 '능력에 따라 일하고 필요에 따라 배분 받아 모든 사람이 평등해지는' 사회다. 하지만 베트남에서는 토지 50년 대여권을 제외한 모든 사유재산이 보호받으며 인정된다. 따라서 베트남은 공산주의 이념은 건국이념으로 삼고 있다고는 하나 중국같은 '사회주의 시장경제'의 길을 걷고 있다. 아직 공산당이 유일한 합법 정당인 일당 체제이지만 거의 모든 부분에서 시장경제를 따르고 있다.

점점 개방되는 사회

인터넷의 보급은 베트남의 사회적, 지리적 고립을 극복하고 대중이 그동안 소수 공산당 지도자의 영역이던 대외정책과 다양한 분파주의 여론에 참여하는 기회를 제공했다. 특히 2014년 중국의 남중국해 석유시추를 둘러싸고 벌어진 베트남과 중국 사이의 분쟁을 계기로 베트남 곳곳에서 중국을 비난하는 시위가 벌어진 사건은 베트남 시민들이 인터넷의 아고라에서 의견을 모으고 집단행동을 하는 시발점이었다. 특히 2016년의 제12차 공산당전당대회와 그 이후의 응우옌 떤 중 전 총리파로 구분되는 개혁파의 몰락은 베트남 지도부가 당 내부부터 민주적 중앙집권주의와 집단 리더십 문제를 두고 분열돼 있다는 것을 일반 국민에게 알린 큰 사건이었다. 베트남의 언론은 공산당의 철저한 통제를 받기 때문에 정치에 관련한 민감함 소식을 다루지 않는다. 시민은 SNS로 정치와 관련된 내용을 접하거나 소문으로만 돌던 공산당 내의 쟁투에 관련한 정보를 교환한다. 이처럼 인터넷에서 베트남 시민이 목소리를 내는 경우가 많아지자 베트남 정부도 적극적으로 반정부적인 목소리를 통제하고 나섰다. 최근에는 페이스북에서 반정부 목소리를 내던 사회운동가가 4년 이상의 중형을 받는 등 베트남 정부의 감시가 강화되고 있다. 또한 베트남 정부는 2000년도 후반부터 국민들 대다수가 사용하고 있는 페이스북과 인스타그램 등을 일시적으로 차단하면서 반정부 군중 여론이 조성되지 않도록 조절하고 있다. 예를 들어 2016년에는 대만의 포모사 플라스틱스(Formosa Plastics)의 제철소에서 오염폐수를 무단 방출했다는 이유로 베트남 국민이 시위를 벌인 적이 있는데, 이때는 베트남 정부가 일시적으로 페이스북과 인스타그램을 차단한 시기였다. 그럼에도 불구하고 동 시간에 VPN(가상사설망) 서비스의 트래픽이 현저히 늘어난 것을 근거로 베트남 시민이 이미 정부의 차단에서 벗어나 실질적으로 소통을 이어 나가고 있다고 판단하는 전문가도 있다. 실제로 내가 만난 많은 베트남 시민이 본인이 사용하는 인터넷이 베트남 정부의 감시 아래 있다고 믿었으며 개인정보보호의 목적으로 VPN 이용을 일상화하고 있었다.

베트남의 페이스북 이용자는 6400만 명이며 하루에 2.55시간을 페이스북에서 보내고 있다. 검색엔진 구글의 시장 점유율은 11월 기준으로 95퍼센트 이상이라고 정통부는 파악하고 있다. 페이스북과 구글 같은 해외 SNS와 검색엔진의 사용량 그리고 정부의 통제를 우회할 수 있는 VPN까지 공공연하게 늘어나면서 베트남 정부는 비교적 통제가 용이한 국내 SNS의 성장을 적극 지원하고 있다. 최근 베트남 정보통신부장관인 응유옌 만 흥(Nguyen Manh Hung)은 2022년까지 로컬 서비스 업체의 SNS의 점유율을 60~70퍼센트로 끌어올리겠다는 계획을 발표했다. 이처럼 베트남 정부는 공산당의 일당독재와, 시장경제와 인터넷의 보급으로 높아진 국민의 시민의식 사이에서 위험한 외줄타기를 하고 있다.

최근 나는 박항서 감독이 이끄는 국가대표 축구가 연일 좋은 성적을 낼 때마다 시가지로 시민들이 쏟아져 나오는 상황을 베트남 정부가 용인하고 있다는 것을 보고 놀랐다. 수백, 수천 명의 시민이 호치민 거리를 가득 메우고 오토바이 경적을 울리며 폭죽을 터뜨려도 베트남 공안은 이를 제어할 생각을 전혀 하지 않고 있었다. 베트남처럼 사회주의 공산국가 체제가 가장 두려워하는 것이 시민이 많이 모이는 집회 발생이다. 군중이 많이 모이면 언젠가 정부에 대한 불만이 생겼을 때, 그 칼이 정부를 향할 수도 있다는 위협이기 때문이다. 그래서 민주주의에서 집회의 자유는 매우 중요한 권리 중 하나다. 현지에서 살아보면 베트남인의 삶은 생각보다 자유롭다. 비단 사유재산의 자유만이 아니더라도 정부의 체제를 비판하지 않는 한 정부가 개인의 자유를 제약할 의지를 보이지 않는다. 최대한 자유를 풀어주지만 공산국가의 체제를 위협하는 자유에는 철저히 대응하는 베트남에 '자유주의 공산국가'라는 어색한 이름을 붙여본다.

07

베트남과 중국,
그 오랜 기억

베트남을 얘기하면서 국경을 맞대고 있는 G2 국가인 중국과의 관계를 짚고 넘어가지 않을 수 없다. 베트남의 역사를 중국과의 투쟁사라고 부르는 학자가 있을 정도로 베트남과 중국은 오랜 역사 속에서 수많은 갈등을 일으켰다. 베트남은 기원 후 1000년을 중국에 합병돼 지내다가 응오꾸엔(Ngo Quyen, 중국어로 吳權, 오권)이 당나라 멸망 후 혼란스러운 오십대국의 상황을 틈타 독립왕조인 응오왕조를 세우면서 처음으로 독립했다. 이후에도 중국의 베트남에 대한 야욕은 멈추지 않았고 명나라 때는 약 20년간 다시 중국의 통치를 받기도 하였다. 19세기 중반 베트남 왕조가 남북으로 갈라진 틈을 타 프랑스는 베트남을 식민지로 삼았다. 일본군이 제2차 세계대

전에서 패전해 베트남에서 물러나자 일본군의 무장해제를 명분으로 북에는 중국군이 남에는 영국군이 진출했다. 하지만 자국의 마오쩌둥과 장제스의 대립으로 베트남까지 돌볼 틈이 없던 중국은 슬그머니 다시 베트남에 들어온 프랑스에게 전권을 위임하고 물러난다. 1949년 중국은 공산당 혁명에 성공하면서 공산주의 진영을 확장하고자 프랑스와 제1차 인도차이나 전쟁을 치르던 호치민의 베트남을 지원했고 베트남은 마침내 독립에 성공했다. 하지만 베트남전(제2차 인도차이나 전쟁) 중이던 1974년에는 베트남의 영토였던 파라셀 군도를 군대를 동원해 점령해 버렸고 지금까지도 실효지배 중이다. 파라셀 군도 점령 이후에도 1979년 중국은 베트남의 캄보디아 침략을 빌미로 국경선을 따라 베트남을 침공하였다. 하지만 미국도 전쟁에서 이긴 베트남군과 소련 지원으로 고전하던 중국은 세 달 남짓한 기간의 전투를 마무리하고 국경선 밖으로 철군했다.

한동안 조용하던 베트남과 중국 사이에, 최근 들어 중국이 남중국해에 대한 야욕을 멈추지 않으면서 다시 냉기류가 불고 있다. 2014년 5월 2일, 중국 해양석유총공사가 베트남의 파라셀 군도 인근에 원유 시추 시설을 설치하면서 베트남과 중국 사이에 남중국해 영유권을 놓고 충돌이 일어났다. 이 소식을 접한 베트남의 시민이 반중 시위를 시작했으며, 곧이어 앞에서 언급한 대만의 포모사 플라스틱스의 제철소 공해배출 사건으로 반중 감정은 절정에 이르렀다.

지금도 베트남 국민은 가장 싫어하는 나라로 중국을 뽑는다. 그 정도로 중국에 대한 베트남 국민이 가진 감정의 골은 깊다. 중국이 앞으로는 남중국해의 해양을 공동 개발하자는 외교적인 측면을 보이다가 뒤로는 군사설비를 추가로 구축하는 모습을 보이자 베트남 국민들의 반중 여론은 드세졌다. 더불어 베트남과 국경 지역에 설치된 중국의 원전까지 SNS를 통해 베트남 국민에게 알려지자 반중 감정은 가라앉을 기미가 안 보인다.

기존에 외국인 투자자는 토지를 70년까지 임대할 수 있었다. 최근 베트남 정부가 이 소유권을 99년까지 늘리는 쪽으로 경제특구 조성 관련 법안을 개정하려고 하자 SNS에 본 법안이 '중국에 특혜를 주므로 국가안보가 위험하다'는 여론이 조성되며 반중 시위가 확산됐다. 그러자 정부는 급하게 법안 통과를 연기하고 수정안에서 99년 연장이라는 조항을 아예 삭제하기로 한 것으로 알려져 있다.

이처럼 베트남과 중국은 현존하는 몇 안 되는 공산주의 국가이며 사회주의 시장경제체제를 도입한 통치 구조라는 점이 많이 닮아 있지만, 오랫동안 충돌해왔기에 베트남 국민의 마음속에는 중국에 대한 감정이 좋지 않다. 국경을 맞대고 지나온 갈등의 세월이 있는데다가 중국이 남중국해에 대한 야욕을 버리지 않는 한 두 국가의 관계가 근본적으로 개선될 가능성은 묘연해 보인다.

08

일본은 팔고,
중국과 한국이 산다

일본에 호의적인 베트남

나는 출장 차 머문 호치민의 한 호텔에서 베트남인 부동산 투자 전문가와 꽤 흥미로운 주제에 놓고 이야기를 나눈 적이 있다. 아침 식사를 하려고 만난 자리에서 그 전문가는 옆 테이블을 보라고 말했다. 중국 사람으로 보이는 사람이 일본 사람으로 보이는 사람과 진지하게 얘기하고 있었고 또 그 옆 테이블에는 한국 사람으로 보이는 일행이 일본 사람과 얘기를 나누며 식사하고 있었다. 그 부동산 전문가의 말에 따르면 '최근 호치민 상업용 부동산 시장이 많이 호황인데 중국 투자자는 땅을, 한국 투자자는 상업빌딩에 관심이 많다'고 했다. 그런데 그 전문가는 "그 두 바이어에게 모두 다 파는 쪽이 일본 투자자입니다"라고 말했다. 나는 적지 않게 놀랐다. 그 전문가에 따르면 글로벌금융위기 이후 침체된 베트남 부동산 시장에 때마침 앤케리자금[11]이 들어와 소위 '바겐세일' 기간에 알짜 상업 부동산 자산을 걷어갔다고 한다. 이제 다시 베트남 경제에 훈풍이 불어 상업 부동산이 높은 가격에 거래되니 높은 수익을 거두고 중국과 한국 투자자에게 매각하고 있다는 것이다. 약 오르는 일이지만 그들의 한 발 빠른 투자전략과 선견지명은 인정해야 하겠다.

이 글을 읽는 독자에게는 의외일 수 있으나 일본은 지난 45년간 베트남의 가장 중요하고 오래된 파트너로 자리 잡았다. 2014년 양국은 '아시아 평화와 번영을 위한 포괄적 전략 파트너십' 관계로 격상됐다. 2018년 10월에는 응우옌 쑤언 푹 총리가 일본을 방문해 아베 신조 일본 총리와 정상 회담을 가졌다. 이 자리에서 경제적인 유대를 강화하고, 베트남에 대한 일본의 투자를 촉진하며, 인프라, 우수 인력 교육, 기후변화 대응 및 베트남의 산업화 전략과 관련된 주요 프로젝트의 협력을 강화하기로 합의했다. 특히 일본은 ODA 및 유리한 조건의 차관을 지속적으로 제공하기로 약속했다.

일본은 대 베트남 ODA의 첫 번째 공여국이며 한국에 이어 대 베트남 2위 투자국이다. 또, 일본 관광객은 중국, 한국에 이어 세 번째로 많이 베트남을 찾고 있다.

---

11) 금리가 낮은 엔화를 빌려 상대적으로 금리가 높은 미국, 유럽 또는 신흥 아시아 국가의 통화나 금융자산 또는 실물자산에 투자해 이익을 얻는 금융기법. 1990년대 소위 '잃어버린 10년' 동안 내수의 저금리 시장에서 투자할 곳이 없던 일본 자금이 베트남으로 흘러들어와 부동산, 실물자산 등에 투자된 것으로 파악됨

호치민 시 벤탄 시장 앞을 가면 베트남 국기와 일본 국기가 나란히 걸려 있는 공사 현장을 볼 수 있다. 일본 국제협력기구(JICA)가 2012년 8월 ODA 방식으로 자금을 지원하고 일본 종합상사인 스미토모가 사업을 맡은 1호선 지하철 공사현장이다. 호치민 시를 관통하는 지하철 1호선은 호치민 시 중앙지역(CBD)의 과밀화를 완화할 것으로 기대되고 있다. 일제강점기를 경험했음에도 불구하고 일본인에 대한 베트남인의 호감도는 매우 높은 편이다. 특히, 베트남 내 일본 기업은 베트남 법을 잘 준수하는 등 베트남 노동자들에게 긍정적으로 평가받고 있다. 노동자 파업, 임금 및 보험료 체불 등의 문제로 이슈가 된 일본 현지 기업의 사례를 거의 찾아볼 수 없다.

중국을 대체하는 역할을 기대하는 일본

일본에게 베트남은 뿌리 깊은 반일정신으로 무장한 중국을 대체할 주요한 투자 지역이었다. 베트남이 '도이머이'를 선언하며 시장경제에 문호를 개방하자 일본 정부는 ODA를 통해 적극적으로 베트남 정부의 인프라 건설을 도왔다. 또한 일본은 베트남의 PEC(아시아태평양경제협력체) 가입, WTO(세계무역기구) 가입, ASEM(아시아유럽정상회의) 가입, ARF(아세안지역포럼) 가입 등을 지원했으며, OECD(경제협력개발기구)로부터 베트남이 기술 지원을 받을 수 있도록 노력했다.[12] 미국의 퓨리서치센터(Pew Research Center)는 2017년에 아시아 6개국을 대상으로 '일본의 호감도에 대한 조사'를 실시했는데 베트남 국민은 호감도 80퍼센트를 보였다. 이는 아시아에서 가장 높은 호감도였다. 같은 식민지 경험을 한 한국인의 대 일본 호감도가 30퍼센트 수준인 점을 감안하면 매우 높다.

일본 기업의 투자 비중을 보면 한국 기업과 비슷하게 제조업이 80퍼센트로 매우 높지만 최근 유통·서비스업으로 다양해지고 있는 점도 눈여겨봐야 할 변화다. 2016년 호치민 시내에 일본계 백화점인 '다케시마야'(Takashimaya)가 문을 열었고 이미 호치민 시내의 랜드마크로 자리 잡았다. 유통대기업인 이온(AEON) 그룹은 빈증과 호치민 시에 대규모 쇼핑센터를 오픈했고 하노이에 2019년 오픈을 목표로 준비 중에 있다. 또한 48개 유통 체인을 보유한 호치민 시티마트(Citimart)와 하노이 피비마트(Fivimart)의 지분을 인수하면서 적극적으로 진출하고 있다.

---

12) KOTRA, "일본, 베트남이 배우고 싶어하는 국가"

chapter 3

베트남, 세계가 가장 선호하는 생산 기지

01

대한민국 생산의
전초기지

　베트남은 중국, 미국, 일본에 이어 한국의 4대 교역국 반열에 올랐다(2017년 상반기 기준). 그러나 무역협회가 발표한 2016년 대(對)베트남 주요 수출입 품목을 살펴보면 수출은 대부분 전자부품과 산업용 전자제품과 석유화학 제품이고, 수입은 완성 제품인 것으로 나타났다. 이 사실만으로는 베트남이 아직 가공 무역의 전초기지에 머물러 있는 것으로 보인다. 이처럼 베트남은 우리 기업에게 '공장'으로서의 역할을 톡톡히 하고 있다.

　삼성전자는 1995년 호치민에 TV 공장을 처음 세운 이후 20조 원 이상을 투자해 베트남 국민 기업으로 성장했다. 삼성전자와 계열사가 직접 고용한 인력만 16만 명에 이르고 지난해 베트남 전체 수출의 25퍼센트를 차지한다. LG도 베트남 사업을 적극 확대하고 있다. LG전자는 2년 전 하이퐁에 가전 생산 단지를 건설했고, LG디스플레이도 차세대 유기발광다이오드(OLED) 모듈 생산 공장을 거의 완공한 상황이다. 효성은 2007년 베트남에 투자해 스판텍스와 타이어코드, 전동기와 전력설비 등 효성의 핵심 제품을 모두 생산할 수 있는 복합 생산 기지를 구축했다. 포스코도 2년 전 베트남에서 포스코베트남홀딩스라는 대표법인을 세우고 철강, 건설, 무역, 에너지에 이르기까지 적극적으로 사업 영역을 확대하고 있다. 중견 기업의 약진도 두드러진다. 베트남 성공 신화로 불리는 태광실업은 1994년 나이키 운동화를 주문자상표부착생산(OEM)으로 생산하는 공장을 처음 설립한 이후 비료, 물류, 화력발전소까지 영역을 넓혀가고 있다. 같은 신발 제조 기업인 화승의 베트남 법인인 화승비나는 아디다스 OEM 공장과 제조자개발생산(ODM) 공장을 2002년부

삼성전자 복합 산업단지 분포도   출처: 삼성전자

터 운영해 오고 있다. 한세실업은 나이키 등 유명 의류 브랜드부터 월마트·타깃 등 세계적인 대형 유통 매장의 자체상표(PB)까지 생산하는 생산기지를 2001년부터 운영하고 있다.

베트남에 생산 기지를 설립한 한국 기업은 낮은 임금과 근면한 노동력 덕분에 빨리 성장할 수 있었다. 이처럼 베트남은 지난 20년간 한국 기업의 훌륭한 생산 기지 역할을 했고 한계에 부딪힌 내수 시장과 인건비 문제를 고민하던 한국 기업에게 해외 시장에서 경쟁할 수 있는 새로운 활로를 열어주었다. 물론 베트남도 적극적인 한국 기업의 직접 투자 덕분에 톡톡히 혜택을 보고 있다. 고용은 증가했으며 공단의 젊은 인력이 우수한 한국 기업의 기술을 배운 덕에 섬유, 화학, 전자 등 다양한 글로벌 기업이 추가적으로 진출하는 데 큰 도움이 됐다. 베트남에 대한 세계의 관심이 높아진 최근까지도 한국은 일본의 ODA 효과를 빼면 베트남 FDI 1위를 오랫동안 수성하고 있다. 최근에는 '차이나 머니'를 앞세운 중국계 기업의 진출이 눈에 띈다. 미-중 무역전쟁의 여파와 중국보다 저렴한 인금, 가파르게 성장하는 인도차이나 인근에 있는 베트남의 전략적 위치, 젊은 인구와 중산층의 소득 증가는 공장과 시장의 장점을 두루 갖추고 있어 앞으로도 적극적인 투자가 이루어질 것으로 보인다.

공장으로만 남을 것인가

현재까지 한국 기업의 베트남 투자 비중을 보면 제조업 관련 투자가 70퍼센트를 넘는다. 대부분 저렴한 임금을 이용해 글로벌 수출을 위한 노동집약적 생산기지를 만드는 데 투자됐다. 한마디로 우리에게 베트남은 중요한 '공장'이었다. 그러나 베트남 정부가 매년 최저임금을 올리고 있고 인건비 자체도 지속적으로 오르고 있어 한국 기업에게는 부담이 되고 있다. 사회주의 특성상 노동투쟁에 관대한 정부의 대처도 한국 기업에 부담이다. 2017년, 베트남 엔퐁 공단에서 삼성디스플레이 공장을 짓고 있던 삼성물산의 베트남 노동자 2000여 명이 부당한 처우에 항의하며 소요를 일으키는 사태가 발생하기도 했다. 베트남 노총에 따르면, 2009년부터 2014년까지 베트남에 진출한 한국 기업에서 일어난 파업은 약 800여 건으로 전체의 26퍼센트에 달한다. 2014년 박닌 시에서만 28건의 파업이 발생했는데, 이 중 절반이 넘는 16건이 한국 기업에서 발생했다. 물론 한국 기업의 숫자가 많기 때문에 절대적인 파업 숫자나 비중은 많을 수밖에 없지만 한국 기업의 노동법 위반, 과도한 노동 강도와 시간, 관리자의 강압적인 태도에 대한 불만이 있는 것도 사실이다.

나는 '과연 언제까지 우리에게 베트남은 값싼 노동력을 제공하는 공장으로 남을 것인가?', '변화하는 베트남을 우리는 아직 공장으로만 바라보고 있지는 않은가?' 하는 염려가 들었다. 물론 CJ 등 베트남에 진출한 기업의 종류가 물류센터, 영화, F&B에 이르기까지 다양화되고는 있으나 더 다양한 기업의 적극적 투자가 이루어졌으면 하는 바람이 있다.

02

베트남, 떠오르는
글로벌 BPO 허브

비즈니스 프로세스 아웃소싱(BPO, Business Process Outsourcing)
이란 기업의 경쟁력을 강화하고자 핵심 역량을 제외한 회사의 업
무 처리 과정을 외부 전문 업체에 맡기는 전략적인 아웃소싱 방식
이다. 최근 글로벌 기업은 기업 내 지원 업무인 인사, 총무, 경리
등 전통적인 고정비용 지출 아웃소싱(Overhead cost outsourcing)부터
고객관리, R&D까지 다양한 부분을 아웃소싱하고 있다. 특히 베트
남은 젊고 상대적으로 교육 수준이 높은 IT 인력이 풍부해 소프트
웨어 개발 등 IT 분야 BPO가 빠르게 성장하고 있다. VINASA(Viet
Nam Software and IT Service Association, 베트남 소프트웨어 협회)에
따르면 베트남의 BPO 산업은 지난 10년간 연평균 30퍼센트씩 성

장해 현재는 약 20억 달러의 시장을 형성하고 있다. BPO 분야에서 상대적으로 앞서는 인도(1430억 달러)와 필리핀(220억 달러) 등의 시장 규모를 생각하면 베트남 BPO 시장의 성장성은 매우 높다. 특히 필리핀은 IT보다 영어권 국가를 대상으로 하는 고객응대(Customer Service)가 주를 이루고 있어 아세안 국가 중에는 베트남의 경쟁력이 가장 높다고 볼 수 있다. 2017년 베트남의 IT 서비스 시장 규모는 50억 달러로 2016년 대비 14퍼센트 증가했다. 일본무역진흥기구에 따르면 2017년 베트남은 일본 IT 아웃소싱 부문에서 시장점유율 20.6퍼센트를 차지해 중국을 제치고 두 번째로 국가로 떠올랐다. 1위는 인도다. 국내 소프트웨어 기업도 앞 다투어 베트남에 R&D 센터를 만들고 있다.

이를 반영하듯 글로벌 부동산컨설팅 업체인 쿠시먼앤드웨이크필드(Cushman & Wakefield)는 2016년 글로벌 BPO 지역 중 베트남을

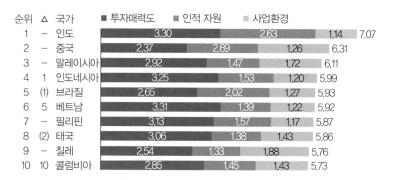

(2017 A.T. 커니 글로벌서비스입지지표, 출처: A.T. 커니)

가장 '가격 경쟁력 있는 국가'로 선정하기도 했다. 또 2017년, 글로벌 컨설팅 기관인 AT커니(A.T. Kearney)가 BPO 산업경쟁력을 조사해 발표하는 글로벌서비스입지지표(Global Services Location Index)에서 베트남은 세계 6위로 2016년과 비교해 10계단 상승했고 7위인 필리핀을 앞질렀다.

베트남 BPO 산업은 매년 4만 명씩 배출되는 공대 졸업생이 튼튼하게 받치고 있다. IT 계열 대졸 초봉이 미화 400~500달러 수준인 점을 고려할 때 풍부하고 저렴한 IT 인력이 공급됨으로써 BPO 산업이 성장하는 촉매제가 되고 있다는 것을 알 수 있다. 폭발적으로 성장하고 있는 아세안 경제시장에서 베트남이 차지하는 지리적 이점도 허브로서의 BPO 산업을 성장시키는 동력이 되고 있다. 정부도 1000명 이상을 고용한 IT 관련 BPO 기업체는 15년 동안 10퍼센트 수준의 법인세만 부과하는 식으로 세제 혜택을 주고 소프트웨어 산업단지를 조성하는 등의 인프라 지원을 아끼지 않고 있다.

우수한 인력풀이 있고, 정부의 노력까지 합해져 빠른 속도로 베트남의 기술 경쟁력은 강화되고 있다. 15년 전에 손을 꼽을 만큼 몇 안 되던 베트남의 IT 소프트웨어 회사는 현재 1만4000개가 넘는 것으로 집계되고 있으며 삼성전자는 하노이에 2020년 완공을 목표로 3000억 달러를 투자해 4000명 규모의 R&D 센터를 설립 중에 있다.

베트남 IT BPO 시장의 대표주자는 호치민증권거래소(HOSE)에 상장돼 있는 FPT사(HOSE: FPT)다. FPT는 1988년에 창립해 주로 소프트웨어 BPO 아웃소싱과 텔레콤 사업을 영위하고 있는 대표적

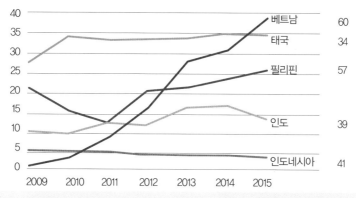

이미 지역 경쟁 국가를 추월하고 있는 베트남의 기술 경쟁력(기술상품 수출 USD 억불)

출처: PWC, The World Bank

인 베트남의 IT 기업이다. 주로 일본 기업을 상대로 소프트웨어 개발 아웃소싱을 했으나 이제 동남아시아의 저개발국인 미얀마, 라오스 등으로 IT 인프라, 시스템 구축 사업 등을 수출하는 기업으로 성장했다. 최근에는 신한은행과 손잡고 디지털 뱅킹, 핀테크 등 금융정보기술 부분의 협업을 시작하기도 했다.

한국 IT 기업도 베트남 현지에서 다양한 BPO를 수행하고 있다. 소프트웨어 개발 업체나 게임 업체 등이 소수의 관리자만 파견하고 현지 지사나 외주 업체를 통해 현지에서 소프트웨어 개발 업무를 수행한다. 베트남을 단순한 제조기지로 활용하는 것 이상의 BPO를 진행하는 경우가 늘고 있는 것이다.

미-중 무역전쟁의 최대 수혜국,
베트남

2018년 여름, 미국이 중국 제품에 관세를 부과하자 그에 대한 보복으로 중국도 미국산 제품에 높은 관세율을 부과하면서 미-중 무역전쟁이 시작됐다. 미-중 무역전쟁은 단순히 두 대국 사이의 무역 불균형 때문에 발생한 무역 분쟁이라기보다 2차 대전 이후 세계 패권 국가 자리를 차지한 미국과 새로운 패권 국가를 꿈꾸는 중국의 노골적인 경쟁이 시작됐다는 사실에 더 의미가 있다. 두 국가가 서로 협상하거나 양보해서 이번 무역전쟁이 일단락될지도 모르지만 그동안 높아진 임금과 자국 기업 위주의 정책을 펼치는 중국 정부에 실망한 글로벌 기업의 탈 중국화는 더 가속화될 것이다. 탈 중국화가 진행되면 중국의 글로벌 생산 기지로서의 지위는 약해질 수밖에 없다. 이런 미−중 무역전쟁의 최대 수혜국으로 베트남이 떠오르고 있다. 다시 말해 '포스트 차이나'의 최전방에 베트남이 있다. 이미 베트남에는 싸고 풍부한 노동력과 친 외국자본적인 정부 정책이 있다. 이 덕분에 중국으로부터 생산 기지를 옮겨오는 글로벌 기업이 많아지고 있다. 나이키와 아디다스는 각각 2009년과 2013년에 베트남과 중국에서 생산하는 신발 제품의 수량이 역전되

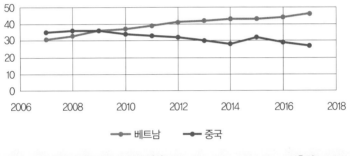

나이키 신발제조 글로벌 생산기지 비중(%)   출처: theatlas

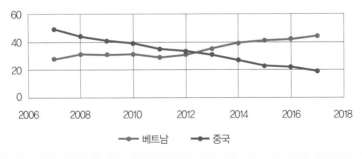

아디다스 신발제조 글로벌 생산기지 비중(%)   출처: theatlas

기 시작했다.

　특히 앞에서 살펴본 대로 지리적 장점이 있고 다양한 무역협정
을 맺어둔 덕분에 비관세 혜택도 누릴 수 있으므로 베트남은 최
적의 대안이다. 베트남의 생산직 노동자의 임금은 아시아 최저인
1.0~1.4달러 수준이다. 중국이 4달러이므로 3분의 1 수준이다. 글
로벌 산업컨설팅 기업인 JLL에서 발표한 자료에 따르면 베트남의
산업용 부지도 타 동남아시아 국가에 비해 저렴하다.

　더욱이 매년 GDP의 12~18퍼센트 규모의 신규 FDI가 베트남으
로 유입되고 있다. 베트남 정부는 FDI를 지속적으로 유치하고자 다
양한 인센티브를 제공한다. 대표적인 것이 경제특구에 진출하는 기
업에 대한 세제 감면이다. 현재 베트남에 경제특구는 북부 2곳, 중
부연안 지역 10곳, 그리고 남부 메콩 델타 지역에 3곳이 있다. 경제
특구에서는 법인세 10퍼센트의 우대세율을 15년간 적용받는다. 또

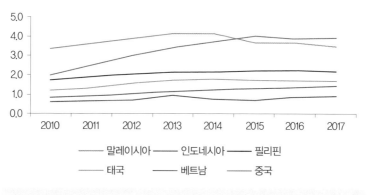

생산임금(USD/hour)

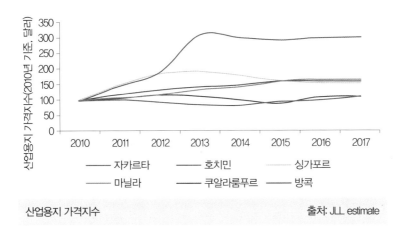

산업용지 가격지수   출처: JLL estimate

베트남에서 생산되지 않는 원부자재는 5년간 수입관세가 면제된다. 저가의 우수한 노동력, 지리적 이점, 다양한 무역협정과 정부 인센티브가 가공무역의 허브로서 베트남이 매력적인 이유다.

베트남의 대미 무역수지가 2017년 기준 322억 달러 흑자를 기록하고 있어서 미국이 다음 타깃으로 베트남을 조준할 것이란 전망을 내놓는 전문가도 있지만 대부분이 의류, 저가 공산품 등 저부가가치 상품이며 미국 입장에서도 베트남을 타깃으로 삼기에는 미국 내의 인플레이션 부담이 있다. 따라서 나는 베트남이 미-중 무역분쟁으로 수혜를 볼 가능성이 더 높다고 판단하며 당장 미국의 압력이 높아질 것이라 예상하지는 않는다.

04

자유무역협정,
'글로벌 무역 허브'로의 도전

베트남은 다양한 무역협정과 지리적 장점을 이용해 '포스트차이나' 시대의 글로벌 무역허브로서 자리매김하겠다는 꿈을 키우고 있다. 2007년까지만 해도 동남아시아국가연합(ASEAN) 회원국 중 FTA를 맺은 국가는 중국과 한국, 두 국가뿐이었다. 베트남은 그 후 일본과 칠레로 FTA를 확대했다. 2015년 한 해에 베트남은 미국과 TPP(Trans-Pacific Partnership), EU와의 FTA, 유라시아경제연합과의 FTA를 통해 러시아와 자유무역협정을 맺었으며 그해 한국과 양국 간 FTA를 추가로 맺었다. 베트남의 다자간 자유무역협정 정책은 2017년 미국이 TPP를 탈퇴하면서 난항을 겪었지만 미국을 제외한 11개국(일본, 호주, 뉴질랜드, 캐나다, 멕시코, 칠레, 페루, 싱가포르, 베트남, 말레이시아, 브루나이)이 참여한 환태평양경제동반자협정(CCTPP)에 가입하면서 무역허브로 발전하겠다는 계획은 다시 탄력을 받게 됐다. 2018년 현재 베트남은 17개국과 자유무역협정을 맺어 전 세계에서 자유무역협정을 가장 많이 맺은 국가 중 하나가 됐다. 특히 CCTPP의 시장 개방 수준이 매우 높아 발효된다면 회원국 간 교역 품목 중 거의 99퍼센트에 관세를 부과하지 않는다. 그리고 전문가들은 역내 비관세장벽이 크게 해소될 것이며, 베트남 주요 생산품인 스마트폰, 섬유·의류, 신발, 농수산물 수출이 크게 증가할 것으로 전망하고 있다. 여기에 한국, 대만, 필리핀, 인도네시아 등 아세안의 다른 국가도 CPTPP에 추가 가입하려고 관심을 보이고 있으므로 베트남의 아시아·태평양 지역 경제에서 허브로서의 역할은 더 공고해질 것으로 보인다. 또한 상대적으로 최근에 맺은

■ Vietnam
■ ASEAN
■ ASEAN FTAs
■ Bilateral FTAs
■ RBK Customs Union FTA
■ EU FTA
■ TPP

베트남 자유무역협정 현황지도   출처: BDG

베트남 국가별 FTA 현황(2018년 11월 기준)

베트남	기체결	협상중	검토중
무역협정대상	(발효) ASEAN(한국, 중국, 일본, 호주·뉴질랜드, 인도), AFTA, 일본 EPA, 칠레 FTA, 한국 FTA, EAEU(유라시아 경제연합) FTA(서명) CPTPP(환태평양경제동반자협정), EU FTA	RCEP(역내 포괄적 경제 동반자 협정), EFTA(유럽자유무역연합) FTA	FTAAP(아시아태평양자유무역지대), 우크라이나, 스리랑카, 터키

출처: www.fta.go.kr

자유무역협정을 보면 베트남 국영 기업과 사기업이 공정 경쟁할 수 있도록 사업 환경을 개선하고 인프라를 확충하겠다는 내용을 포함하고 있다. 제도개선과 투명성 제고 등의 부대적인 효과도 기대해 볼만하다.

전문가들은 베트남이 향후 미국과 EU, 중국의 우회 수출 기지로서 최적의 위치에 있다고 입을 모은다. 베트남은 중국과 싱가폴 사이에 장장 3260킬로미터에 걸친 해안선을 따라 펼쳐진 베트남의 동쪽 바다인 'The East Sea'는 인도양에서 태평양 방향으로 이동해 중국, 일본, 한국, 미국으로 들어가는 물동량의 40퍼센트가 지나는 주요 길목이다. 국토의 절반이 해안을 접하고 있기 때문에 내륙 인프라의 발전은 물류비 절감으로 직결된다. 더욱이 베트남의 길게 늘어선 해안선 그 자체로 다양한 항만 시설과 심해 항구를 개발할 수 있는 풍부한 자원이다. 이처럼 베트남은 지리적 이점과 풍부한 노동력, 그리고 많은 국가와 맺은 자유무역협정을 활용해 글로벌 무역 허브라는 꿈으로 한 걸음 한 걸음 나아가고 있다. 베트남의 성장이 기대되는 또 하나의 이유다.

chapter 4

베트남 일억 명의 소비자가
주머니를 연다면

01

베트남 소비 시장?
떠오르는 소비 국가

세계에서 가장 긍정적인 베트남 소비자

이 책의 서두에서 살펴본 바대로 견조한 경제 성장과 함께 베트남의 중산층은 2018~2020년 사이 연평균 19퍼센트씩 성장할 것으로 기대되고 있다. 베트남의 소비자는 세계에서 가장 긍정적인 소비자로 분류된다. 보스턴컨설팅의 조사에 따르면 90퍼센트 이상의 응답자가 자신이 부모보다 유복한 삶을 살고 있으며, 자신의 자녀가 자신보다 유복한 삶을 살 것이라고 믿는다고 대답했다. 이는 함께 조사된 25개국 중 미얀마와 함께 가장 긍정적인 숫자다.

경제 발전과 함께 개인의 가처분소득이 증가함에 따라 베트남의 소비자는 삶의 질을 향상시키는 측면에서 소비를 늘려가고 있

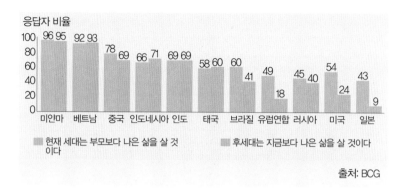

응답자 비율

■ 현재 세대는 부모보다 나은 삶을 살 것이다
■ 후세대는 지금보다 나은 삶을 살 것이다

출처: BCG

다. 따라서 베트남의 소비 지출은 안정적으로 증가하고 있으며 2010~2016년 사이 가구당 중위 가처분소득은 2613달러에서 3822달러로 약 46퍼센트가 증가했고 소비 지출도 같은 기간 약 85조 원에서 150조 원으로 80퍼센트 이상 증가했다.

가계 가처분소득보다 빠르게 증가하는 소비 지출은 베트남 소비자가 미래 소득이 늘어날 것이라고 긍정적으로 바라보는 시각에서 비롯된 듯하다. 실업률이 3퍼센트 미만인 완전 고용 시장이라는 것을 감안할 때, 베트남은 빠른 경제 성장과 FDI로 인한 고용 창출, 소득 증대가 소비로 이어지는 선순환에 진입했다고 보는 것이 맞을 것이다.

빠르게 발전하는 지방의 소비

지방과 대도시의 소비에도 새로운 변화가 일고 있다. 베트남은

chapter 4 베트남 일억 명의 소비자가 주머니를 연다면 **115**

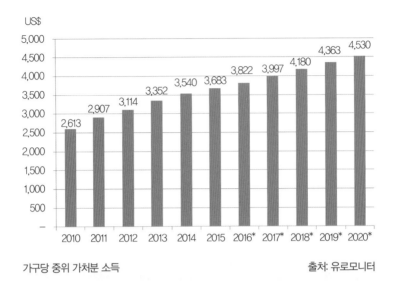

US$

가구당 중위 가처분 소득　　　　　　　　　　　　출처: 유로모니터

인구의 3분의 2가 대도시에 살고 있으며 전체 소비의 58퍼센트를 차지하고 있다. 유로모니터에 따르면 2010년부터 2016년 사이 지방의 소비는 94퍼센트 증가해 동기간 69퍼센트 증가한 대도시의 소비력을 빠른 속도로 따라잡고 있다. 농업과 수산업의 수출이 늘어나 지방에서의 실업률이 대도시보다 낮으며 그동안 대도시 위주로 성장했지만 이제 지방의 중소도시에 산업단지가 만들어지며 생산시설과 고용이 증가해 지방 근로자의 소득에 양적 성장이 일어나고 있다. 이는 지방 소비자도 소비시장에 의미 있는 구매 세력으로 참여하기 시작했다는 긍정적인 신호다.

또한 유통 채널 현대화와 온라인 시장의 확대 등으로 베트남인이 소비하는 채널이 다양해지고 있다. 이런 편리하고 고급스러운 소비시장으로의 이동은 생필품 소비에서 재량지출(Discretionary expenditure)로의 비중이 높아질 것이란 예상을 하게 한다. 특히 '도이 머이' 세대로 대표되는 전후세대의 구매력 증가, 젊은 층의 높은 소비 성향 등의 현상을 지켜보며, 베트남 1억 인구가 소비 시장으로 성장함에 따라 우리 기업에게 큰 기회가 찾아올 것으로 기대한다.

02

'도이머이' 세대, 베트남의 신흥 소비 세력으로 등장

'도이머이' 세대는 1986년 개혁개방 시장정책 이후로 태어난, '새로운 베트남(New Vietnam)'을 상징하는 세대로서 일반적으로 80년대 중반부터 90년대 초에 태어난 20세에서 35세 사이를 일컬으며, 현재 약 2500만 명으로 베트남 인구의 4분의 1 정도다. 베트남에서는 이 세대를 '혁신세대(The Renovation Generation)'라고 부르고 있다. '도이머이' 세대는 베트남 전쟁과 극단적 공산주의 폐쇄경제 속에서 자란 부모 세대와는 확연히 다르게 물질적으로 더 풍요롭고 해외 문물에 개방된 사회에서 성장했다. 그래서 경제관이 개방적이며 세계관은 폭넓다.

소비 형태도 부모와 많이 다르다. '도이머이' 세대가 나이를 먹을

수록, 베트남 경제에 미치는 영향력이 커질수록, 기존의 베트남과는 다른 양상이 펼쳐질 것이다. 그러므로 이들을 이해하는 과정이 베트남을 이해하는 첫걸음이라고 생각한다. 소비의 대부분이 생계와 연관된 '비재량지출(Non-discretionary spending)'이던 부모 세대와 달리 비교적 유복한 환경에서 자란 '도이머이' 세대는 '재량지출(Discretionary spending)'이 소비에서 많은 부분을 차지한다. 소비처도 F&B(food and beverage), 패션, 여가 등으로 다양해지고 있다. 즉, '먹고사는 것'이 중요한 세대에서 '어떻게 사는것'이 중요한 세대로 이동이 일어나고 있는 것이다.

F.Y.I

나는 '도이머이' 세대를 이해하는 키워드를 F.Y.I.(Facebook, Youtube, Instagram)로 정하고자 한다. 컨슈머 컨설팅회사인 칸타 월드패널(Kantar Worldpanel)에 따르면 2017년 베트남 4대 도시(하노이, 다낭, 호치민, 칸토)의 평균 인터넷 침투율은 95퍼센트이며 스마트폰 보급률도 92퍼센트로 유·노년 인구를 제외하면 거의 완전보급에 가깝다. 베트남 전체를 보아도 2018 글로벌 디지털이 추산한 자료에 따르면 67퍼센트의 국민이 인터넷을 이용하고 있다. 베트남 정보통신부는 온라인에서 하루 체류하는 시간은 평균 7시간이라고 밝혔다. 이처럼 '도이머이' 세대에게 인터넷은 세상을 바라보는 창이고 그들이 인터넷을 통해 접하는 정보의 폭과 다양성은 그들의 부모가

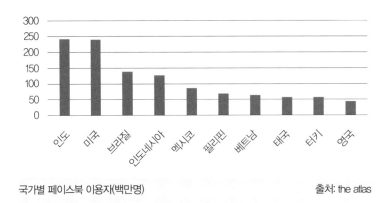

국가별 페이스북 이용자(백만명)   출처: the atlas

공산당의 엄격한 관리하에 통제된 국영뉴스채널에서 받던 정보의 양과 비교할 수가 없다. 현재 베트남에서는 '도이머이' 세대에 속하는 18세에서 29세 사이의 베트남 인구 중 84퍼센트가 인터넷을 통해 뉴스와 새로운 정보를 접하고 있으며 소셜네트워크서비스(SNS, Social Network Service)와 브이로그(Video Blog)가 주 채널이자 그들이 가장 신뢰하는 채널이다. '도이머이' 세대가 전통적인 미디어보다 SNS와 브이로그를 더 신뢰하고 즐기는 이유는 사회주의 체제하에서 텔레비전이나 신문 같은 전통적인 미디어가 대부분 공산당의 통제를 받기 때문이기도 하지만 SNS나 브이로그에서 얻는 정보가 더 트렌디(trendy)하고 유저의 능동적인 참여(interactive)로 만들어지기 때문이다.

베트남 페이스북 이용자는 2018년 현재 6400만 명[13] 수준으로 이는 현재 인구의 68퍼센트에 달한다.[14] 베트남 정보통신부 자료에 따르면 베트남 국민은 하루 3.5시간 SNS를 사용하고 대부분의 시간을 페이스북을 통해 메신저를 보내고 받으며 보낸다. 베트남의 페이스북 이용자는 2017년 대비 40퍼센트 증가한 수치로 가히 폭발적인 성장세다. 즉, 인터넷을 사용하는 10명 중 9명은 페이스북 이용자이며[15] 베트남의 페이스북 유저는 세계에서 일곱 번째로 많다.[16] 베트남에서 인스타그램(Instagram)에 등록한 유저도 4700만 명이며 페이스북 유저 대부분이 인스타그램도 같이 이용하고 있다. 베트남의 '도이머이' 세대는 페이스북과 인스타그램에 본인의 일상을 공유하고 본인의 친구들과 소통하며 KOL이라 칭하는 인플루언서 (influencer)의 관심사, 생활 방식, 소비 그리고 사회에 대한 의견을 동경하고 따르며 직접 교류도 한다. 이들은 또한 새로운 것에 호기심이 많고 자기가 관심 있는 분야를 취사 선택해 정보를 습득하거나 같은 관심사를 가진 온라인 친구들과 SNS로 직접 교류하며 하나의 온라인 커뮤니티를 만들어 간다. 많은 베트남 기업이 회사 홈페이지는 따로 없더라도 반드시 페이스북 페이지는 만드는 이유도 여기에 있다. '도이머이' 세대 여성 소비자의 86퍼센트가 쇼핑 전에 SNS에서 리서치를 한다는 점을 고려하면, SNS를 단순히 개인의 사

---

13) VNEXPRESS, "Vietnam climbs to seventh worldwide for number of Facebook users: report
14) StarGage, "Influencer Marketing in Vietnam"
15) KOTRA, "베트남, SNS를 보면 비즈니스가 보인다"
16) The PIE Blog, "How the Vietnamese Use the Internet, Including Social Media"

교 공간으로 치부하기에는 그 영향력이 너무 크다.

'도이머이' 세대에게 유튜브는 텔레비전보다 훨씬 친숙한 영상 매체다. 현재 베트남에서는 4500만 명의 사용자가 하루 평균 2.65시간씩 유튜브를 시청하고 있다. 한류 드라마도 한국에서 방영된 지 일주일도 안 돼 베트남어 자막이 입혀진 채로 업로드된다. 지적재산권에 둔감한 베트남 정부의 혜택(?) 덕분에 드라마, 뮤직비디오, 예능 등 많은 한류 컨텐츠가 유튜브를 통해 무료로 구독자에게 제공된다. 개인 방송을 하는 브이로거들은 제품 리뷰, 강좌, 맛집 체험 등 다양한 비디오 컨텐츠로 무장해 베트남 '도이머이' 세대의 관심을 유도하고 있다.

이처럼 브이로거나 SNS 인플루언서가 '도이머이' 세대에 미치는 영향력은 절대적이다. 수만에서 수백만 명의 팔로어를 이끌고 있는 인플루언서는 직접 제품을 팔기도 하고 자기가 직접 사용해 본 제품에 대한 리뷰도 남김으로써 KOL의 역할을 하고 있다. 팔로어들은 그들의 의견을 절대적으로 신뢰하고 그들이 추천하는 물건이나 제품을 사려고 아낌없이 지갑을 연다. '도이머이' 세대에게는 글로벌 플랫폼인 F(페이스북), Y(유튜브), I(인스타그램)으로 대표되는 SNS가 중요한 정보 습득의 수단임과 동시에 그들의 소비에 지대한 영향을 미치고 있다. 시장으로서의 베트남에 접근하는 시작점이 '도이머이' 세대와 그들이 즐기는 F.Y.I.를 이해하는 데 있음을 잊지 말자.

03

베트남 소비의 주포, 중상층
(MAC, Middle and Affluent Consumer)

2017년 기준, 베트남의 일인당 GDP는 2389달러다. 세계가 주목하는 베트남의 경제지만 아직 경제 규모로는 이머징 국가가 아닌 프론티어 국가로 구분된다. 연 6퍼센트 이상 빠른 성장을 거듭하고 있다고 하나 베트남을 시장으로 바라보는 입장에서는 소위 구매력에 의심을 가지는 것이 당연하다. 하지만 베트남에서 가장 발전한 도시인 호치민 시의 GDP는 6000달러 정도로 도시의 소비력은 빠른 속도로 성장하고 있다. 베트남을 얘기하는 많은 전문가들이 소위 '중산층'이 성장해 소비 시장이 높게 성장할 것이라 얘기하지만 아직 베트남의 전체 인구와 소득 구조상 중산층이 의미 있는 구매력을 가지기까지는 현실적으로 시간이 더 필요하다. 나는 앞으로

10년간 베트남의 소비는 중'상'층(MAC, Middle and Affluent Consumer)이 주도할 것이라 단언한다. 보스턴컨설팅은 구매력 기준에 따라 베트남의 MAC는 2017년 현재 인구의 소득 상위 약 20퍼센트(2400만 명)이며 2030년에는 그 숫자가 4800만 명으로 현재의 두 배 이상 증가할 것으로 분석하고 있다. 참고로 보스턴컨설팅사의 MAC 정의는 현재 기준으로 월간가계소득이 660달러, 연 약 8000달러를 의미한다.

베트남의 MAC, 2030년에는 4800만 명에 달할 것으로 예상

베트남의 MAC를 주목해야 하는 이유는 자명하다. 그들이 베트남 소비의 KOL이기 때문이다. 베트남의 MAC는 일반적으로 도시

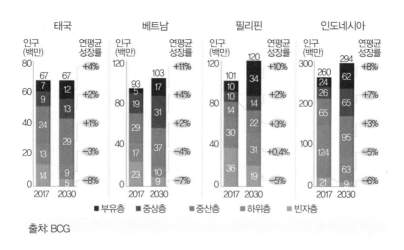

출처: BCG

에서 일하는 직장인이나 전문직이다. 이들은 이미 인터넷 같은 다양한 미디어 채널을 통해 새로운 문화와 서구식 생활 방식에 익숙해져 있으며 해외 브랜드에 대한 선호도도 높다. 중산층의 소비가 의·식·주 개선에 집중돼 있다면 MAC의 소비는 경험과 사회적 지위를 나타내는 데 집중돼 있다. 같은 상품이라도 조금 더 개선된 나만의 아이덴티티를 보여줄 수 있는 상품을 선호하며 소비에 집중하기보다 소비가 나에게 주는 경험에 집중하는 경향이 강하다. 따라서 해외 브랜드나 서구 문화에 대한 수용에 적극적이며 합리적인 소비를 지향한다.

그렇지만 중국처럼 럭셔리 시장이 생길 것이라 기대하기에는 아직 이르다. 베트남의 소득 수준이 빠르게 성장하고 있다고 하나 대도시 화이트 컬러 직장인의 평균 소득이 미화로 약 1000달러 수준이다. 이는 아세안 지역의 다른 선진국 수준에 비하면 턱없이 낮다. 따라서 고가의 명품 시장은 소수의 초고소득층만이 영위하는 한정된 시장이 될 가능성이 아주 높다. 특히 상대적으로 보수적인 베트남인의 특성상 돈이 있다고 해서 명품숍에 들어가 수천 달러씩 써가며 쇼핑을 하는 모습을 남에게 보여주고 싶어 하지 않는다.

베트남의 MAC는 편하고 경제적인 소비를 선호한다. 베트남의 소비 시장을 분석하는 해외 컨설팅 업체가 자주 얘기하는 것이 베트남 소비자는 바겐헌터(Bargain-hunter)라는 것이다. 소득에 상관없이 좋은 제품을 저렴하게 사는 것을 중요한 소비의 재미로 여기고 있다.

SNS 같은 온라인 채널 등 미디어에서 소비 정보를 얻으며 실제로 물건을 오프라인에서 확인하고 소비하는 경향이 높다. 온라인 구매를 하더라도 배달 시 지불하는 비율이 높은 이유도 베트남 소비자가 물건을 직접 확인하고 구매를 확정하는 성향이 높기 때문이다.

MAC는 저렴한 가격을 선호하기는 하나 상품의 평판에 매우 예민하다. 남의 눈을 많이 의식하는 문화에도 기인하는 듯하지만 개발도상국에서 흔히 불거지는 불량품, 불량식품 문제에 예민하기 때문이기도 하다. 즉, 베트남 MAC 소비자는 브랜드에 대한 민감도가 높다. 아주 고가의 럭셔리 제품은 아니나(Affordable) 소비를 통해 자신의 사회적 지위를 확인하고자 하는 성향이 있으며(brand sensitive) 합리적 가격(reasonable price)을 지불하고자 하는 의지가 강하다. 일예로 베트남에 최근 진출한 H&M, Zara, 유니클로 같은 브랜드는 합리적인 가격과 좋은 디자인으로 베트남 소비자의 마음을 사로잡고 있다. 특히 스타벅스, 애플, 삼성전자처럼 서양에서도 뉴럭셔리(New Luxury), 매스티지(Mass-tige, 대량으로 생산되는 중, 저가의 명품)로 분류되는, 상대적으로 조금 비싸지만 좋은 품질의 고급스러운 브랜드를 베트남 MAC 소비자는 매우 선호한다.

마지막으로 MAC의 소비는 장소에 무관(Ubiquitous)하다. 스마트폰 보급률이 높고 SNS를 통한 사회활동에 익숙한 베트남 젊은이의 온라인 구매율이 점점 높아지고 있는 것이 베트남 전자상거래 시장이 빠르게 성장하는 이유 중 하나다. 이처럼 베트남의 MAC는 베트남 소비의 주포로 떠오르고 있다. 우리 기업도 베트남의 MAC 성향을 잘 분석하고 그들이 원하는 '합리적인 가격의 높은 퀄리티 상품'을 제공한다면 빠르게 성장하는 MAC의 쇼핑 바구니에 우리 기업의 제품이 담길 확률이 높아질 것이다.

04

베트남 소매 시장의 미래,
모던 트레이드(Modern Trade)

전통 시장의 비중이 높아

베트남의 소매시장은 크게 세 가지 채널로 구분할 수 있다. 첫째는 전통 시장(Traditional retail)이라 불리는 영세 소매 가게들(채소 가게, 과일 가게, 생선 가게, 동네 약국 등)로 영어로는 가족경영형 개인 상점이 많다는 의미로 '맘앤팝샵(Mom & pop shop)'이라고도 부른다. 다음으로 모던 트레이드라고 불리는 기업형 가게가 있다. 여기에는 슈퍼마켓, 편의점, 대형마트 등이 포함된다. 마지막으로 온라인 마켓이 있다. 아직 프론티어 마켓인 베트남은 전통 시장의 비중이 70퍼센트 정도로 압도적으로 높다. 하지만 소득수준이 높아지고 대도시 중심으로 도시화가 진행됨에 따라 모던 트레이드 형태의

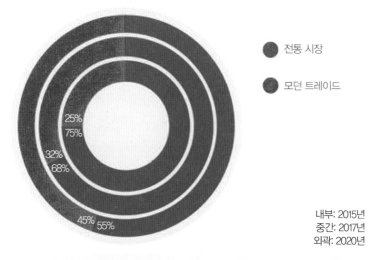

전통 시장

모던 트레이드

25%
75%

32%
68%

45% 55%

내부: 2015년
중간: 2017년
외곽: 2020년

거래액 기준 소매채널 점유율 2015~2020 (온라인 제외, 2020년은 예상치)
출처: EVBN, '베트남의 소매 유통 채널'

매장이 점차 늘어나고 있다. EVBN(EU-Vietnam Business Network)
에 따르면 현재 약 25퍼센트 수준인 모던 트레이드 형태의 소매
점 점유율이 2020년에는 약 45퍼센트를 넘을 것으로 보고 있다. 특
히 베트남 모던 트레이드 중 슈퍼마켓과 대형마트는 2013년부터
2016년까지 4.7퍼센트 성장했다. 베트남의 경제 성장률과 도시화
정도를 생각하면 다소 실망스러운 수치다. 이유는 베트남 특유의
환경에 있다. 인구 대부분이 오토바이를 주 이동 수단으로 삼는 베
트남의 생활 환경상 대형마트에서 물건을 많이 담아 이동하기에는
물리적 제약이 있다. 또한 슈퍼마켓이나 대형마트가 동네 전통 시
장보다 싸지 않기도 하고 위치한 지역이 임대료 때문에 인구밀집

지역의 외곽이라 일반 소비자에게는 먼 편이다. 나도 호치민 시에 새롭게 문을 연 롯데마트를 주말에 가봤는데 기대와는 다르게 붐비지 않고 한산했다. 통계에 따르면 베트남 대형마트가 투자비용을 회수하려면 5년 이상이 걸리는 데 이는 주변 인도네시아, 말레이시아, 싱가폴의 두 배 이상이다. 반면에 쇼핑몰 같은 대형 쇼핑센터는 동기간 약 6.2퍼센트 성장해 견조한 성장세를 보이고 있다. 쇼핑센터도 매장보다는 F&B와 키즈카페, 영화관 같은 엔터테인먼트 요소를 더 강조하면서 베트남 소비자의 트래픽을 높이고자 절치부심하고 있다. 베트남 모던 트레이드의 대표주자는 편의점이다. 2014년 350개에 불과하던 편의점은 2017년 2500개를 넘어섰다. 연평균 66.2퍼센트의 폭발적인 성장이다. 편의점은 뒤에서 조금 더 자세히 설명하도록 하겠다.

맥킨지컨설팅에 따르면 인구당 모든 트레이드 소비액은 아직 인도네시아나 필리핀보다 낮은 수준에 머물러 있다. GDP가 성장하면 모던 트레이드에서 더 소비할 것으로 보이며 다른 개발도상국의 선례에 따르면 일정 GDP 수준까지는 급격히 증가하는 양상을 보인다. 따라서 베트남은 모던 트레이드를 통한 소비가 급격히 늘어나는 임계점에 가까워지고 있다는 분석이다.

소비 형태가 변하고 있다

나는 베트남의 모던 트레이드를 소매 쇼핑 채널만이 아니라 좀

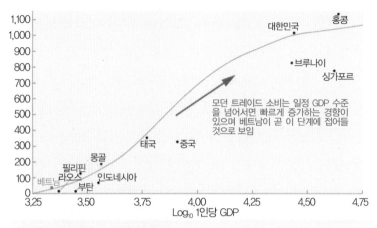

모던 트레이드 소비는 일정 GDP 수준을 넘어서면 빠르게 증가하는 경향이 있으며 베트남이 곧 이 단계에 접어들 것으로 보임

인구당 모던 트레이드 소비액, 달러 2016
출처: 매킨지앤드컴퍼니 "How Modern Grocers can outperform in Vietnam

더 광의의 정의로 접근하려 한다. 기존 베트남의 소매시장을 지배하던 소위 가족형 가게가 빠른 속도로 기업형 매장으로 대체돼 가고 있다. 예를 들어, 음식점의 프렌차이즈화라든지 전통 약국이 기업형 약국 체인으로 변화하는 모습이 그런 것이다. 모던 트레이드가 좀 더 작은 스케일에서 성공하는 이유는 고객의 신뢰가 있고 소비 행태가 변하기 때문이다. 소득이 증대되고 위생과 건강에 대한 베트남 소비자의 눈높이가 높아짐에 따라 위생 상태가 우려되는 길거리 음식, 항생제를 제약 없이 처방하는 동네 약국을 점점 꺼려하고 있다. 예를 들어, 서구형 드럭스토어(Drug Store) 모델을 표방하는 파마시티(Pharmacity), 파노(Phano) 같은 기업형 브랜드 약국이 기존의 약국을 대체하고 있으며 F&B 시장에도 골든게이트 레스토

랑 그룹(Golden Gate Restaurant Group)같이 다수의 음식점 브랜드를 보유한 대형 프랜차이즈 체인이 등장하고 있다. 또, 전통 시장이 빠르게 변화하는 베트남 소비의 형태를 따라잡지 못하는 화장품, 친환경 오가닉푸드 등의 분야에 트레이드 매장이 빠르게 침투하고 있다. 이들 매장의 공통점은 베트남 소비자의 진입장벽(이동수단, 가격에 대한 불확신)을 최대한 피하면서 소비 형태 변화에 집중하고 있다는 것이다. 소득이 증대되면서 경험을 중시하는 소비자가 늘어남에 따라 모던 트레이드는 지속적으로 성장하게 될 것이다. 하지만 베트남 특유의 소비 행태를 간과하는 비즈니스모델은 높은 진입장벽에 부딪칠 것이다. 우리 기업도 변화에 집중하고 면밀히 베트남 소비자를 분석해 베트남 시장을 공략해야 한다.

05

Z세대 소비의 중심에
편의점이 있다

도이머이 세대보다 더 어린 세대

베트남에는 '도이머이' 세대와 그보다 더 좁은 개념인 Z세대(Z Generation)라는 말이 있다. Z세대는 1990년대 중반에서 2000년대 중반에 태어난 세대로 현재 대략 15세부터 25세에 이르는 청년층을 일컬으며 전체 인구의 약 7분의 1, 대략 1400만 명 정도로 추산된다. 2025년에는 이 Z세대가 노동인구의 25퍼센트를 차지할 것으로 예상된다. 그들의 소비 능력이 소비 시장의 큰손이 될 것이므로 Z세대를 이해하는 것이 베트남 시장을 이해하는 또 하나의 과제라 하겠다. 호치민 소재 시장조사 기관인 디시전랩(Decision Lab)에 따르면 Z세대는 여가 시간에 SNS와 온라인 스트리밍으로 영화와 음악을 즐기며 친구들과 페이스북이나 잘로(Zalo, 베트남 인스턴트 메신저)로 채팅을 즐긴다고 답했다. 놀라운 점은 Z세대 응답자의 30퍼센트만 친구와 직접 얼굴을 맞대고 대화하는 쪽이 편하다고 대답했으며 47퍼센트가 자신의 감정을 이모티콘으로 표현하는 것이 익숙하다고 답했다는 사실이다. 한마디로 디지털과 물리적인 관계의 선이 불분명하며 스마트폰 속에서 친구도 만나고 정보도 얻으며 살고 있다 해도 과언이 아니다. 한국이라고 비슷한 또래의 통계가 크게 다를 것 같아 보이지는 않지만 상대적으로 경제발전이 뒤쳐져 있다고 생각한 베트남의 Z세대도 우리 젊은이와 비슷한 생각과 행태를 보인다는 사실에서 경제발전의 정도와 소비 행태는 분리해서 생각할 필요가 있음을 깨닫는다. 재미있는 점은 이렇게 온라인에 파묻혀 살다시피 하는 Z세대 중 단지 27퍼센트만 친구가 SNS에 공유한 정보를 그대로 믿으며 가족이나 전문가의 의견을 더 신뢰(72퍼센트)

편의점에서 점심식사 중인 Z세대

한다는 것이었다.

편의점 세대

컨설팅 업체인 CEL컨설팅(CEL Consulting)에 따르면 베트남의 Z세대는 편의점을 가장 애용하는 장소로 꼽았다. 아직 부모에게 경제력을 의지해 살거나 이제 막 사회 초년생인 그들의 소비력을 감안하면 간단히 끼니를 때우며 유튜브 방송을 보거나 게임을 하며 시간을 보내기에는 편의점만 한 장소도 없어 보인다.

편의점은 베트남의 소비 시장에서 가장 빠르게 성장하고 있는 부

호치민 시 엠플라자 내의 GS25 매장

문 중 하나다. 일본계 브랜드인 패밀리마트와 세븐일레븐은 2020년까지 각각 800개, 100개의 매장을 출점하겠다는 계획을 발표했다. 2018년 초 베트남의 손킴그룹과 손을 잡은 한국의 GS25는 호치민시에 4개 점포로 시작해 2027년까지 2000개 점포를 출점하겠다고 목표를 밝혔다.

베트남 편의점은 저렴하게 HMR(Home Meal Replacement, 가정간편식)를 즐길 수 있도록 비교적 넓은 식탁을 구비해 놓고 있다는 특징이 있다. 점심이나 저녁 시간에 편의점을 가보면 Z세대 정도로 보이는 많은 젊은이가 우리 돈 1000원 안팎의 식사를 하고 있는 모습을 자주 볼 수 있다. 편의점에 베트남 거리에서 흔히 볼 수 있는 노점 음식을 포장해 와서 음료수와 함께 먹기도 한다. 시끄러운 길거리에서 먹는 노점 음식에 비해 위생이 좋고 편하게 스마트폰을 보면서 식사할 수 있기 때문에 편의점은 Z세대에게 단순한 쇼핑 공간이 아닌 식사, 휴식 공간이다.

06

글로벌 패스트푸드 브랜드도
못 넘는 베트남의 입맛

2014년 2월, 글로벌 패스트푸드 브랜드인 맥도날드가 호치민 시에 처음 문을 열었을 때 수백 명의 시민이 헐리우드 영화에서 보던 맥도날드 햄버거 맛을 보려고 장사진을 이루었다. 그때만 해도 응우옌 떤 중(Nguryn Tan Dung) 전 총리의 사위이며 미국에서 자라고 성공한 벤처 기업가 출신의 비엣큐인 헨리 응유엔(Henry Nguyen)이 들여온 맥도날드는 10년 안에 베트남에서 100호점 이상의 출점을 목표로 할 정도로 성공은 약속된 것처럼 보였다. 하지만 4년이 지난 2018년 9월 기준으로 17개 지점을 출점하는 데 그쳤다. 2011년에 처음 베트남에 진출한 버커킹은 2016년까지 60개 지점을 내겠다는 야심찬 계획으로 출발했지만 19개 지점까지 확장했다가 실적 부진으로 6개점을 폐쇄하고 13개의 지점에 머물러 있다. 중국, 일본 등 아시아와 세계를 주름잡는 글로벌 패스트푸드 업체가 베트남인의 입맛을 사로잡는 데는 고전하고 있는 것이다.

가격과 경험의 문제

전문가들은 글로벌 패스트푸드 체인의 부진이 베트남인의 높은 자국음식 선호도와 가격에 있다고 입을 모은다. 미국에서 출발한 패스트푸드가 성공할 수 있었던 가장 큰 요인은 그야말로 'fast food(빠르게 준비되는 음식)'였기 때문이다. 레스토랑에 익숙한 소비자에게 바쁜 일상 중에 빠르게 먹을 수 있는 한 끼 식사를 제시하며 새로운 시장을 개척했다. 하지만 베트남은 이미 빠른 식사가 생활화돼 있다. 베트남 거리에 즐비한 노점상에서 오토바이를 탄 채 베트남식 바게트 샌드위치인 반미(Banh Mi)를 사는 데까지는 2분도 채 안 걸린다. 패스트푸드에서 주문부터 음식을 받을 때까지 보통 5분 정도가 걸리는 것을 고려하면 시간적으로 노점상 대비 빠르지 않다. 상대적으로 튀기고 기름진 서양식 패스트푸드보다 인심 좋은 고향 이모 같은 분이 만들어주는 샌드위치인 반미는 심지어 가격도 싸다. 베트남에서 맥도날드의 빅맥이 약 미화 2.8달러 정도 하는데 비해 노점상의 반미는 50센트 정도로 빅맥이 다섯 배 이상 비싸다. 베트남인이 통상 점심 식사 비용으로 1달러 이하를 지출하는 것을 고려하면 빅맥은 그야말로 패스트푸드가 아니고 고급 레스토랑 양식이다. 또 최근 베트남 젊은이는 건강에 관심이 많다. 그래서 기본적으로 패스트푸드는 기름기가 많고 건강에 안 좋다는 생각을 하고 있다. 베트남에서 편리함이나 가격에서 장점을 내세우지 못하는 글로벌 패스트푸드 업체가 고전하는 이 현상은 어쩌면 당연한지도 모르겠다.

베트남은 사실 대단한 미식 국가다. 한국인도 많이 좋아하는 베트남 쌀국수 퍼(pho)는 베트남인에게 영혼의 음식(soul food)라 해도 과언이 아닐 만큼 사랑을 받는 주식이다. 구운 돼지고기에 하얀 쌀국수를 채소와 곁들여 먹는 분짜(Bun cha)와 쌀가루 반죽에 돼지고기나 새우를 넣어 부친 베트남의 부침개인 반세오(banh xeo) 등 길거리에서 간편하게 사 먹을 수 없는 음식이 너무도 많다. 이처럼 다양한 음식을 미화 1달러 이내에 즐길 수 있는 베트남 국민이 세 배 이상의 돈을 주고 서양의 패스트푸드를 즐길 것이라고 생각한 것 자체가 오판임이 분명해 보인다. 물론 소득수준이 높아지고 있고 맥도날드가 처음 문을 열 때 보인 관심처럼 베트남인은 서양 음식에 대한 호기심이 높다. 서양의 패스트푸드가 베트남에서 절대로 안 될 것이라고 단정하긴 어렵지만 세계시장에서 성공한 음식 사업도 현지의 식생활과 문화를 잘 파악해서 사업을 진출해야 한다는 좋은 예라고 생각한다. 베트남에서 맥도날드가 고전할 것이라고 누가 예상했겠는가?

맥도날드와 버거킹 등 미국계 프랜차이즈가 고전하는 현실을 볼 때 한국 CJ푸드빌이 뚜레쥬르를 성공시킨 사례는 의아한 면이 없지 않다. 뚜레쥬르는 2007년 동남아지역에서 처음으로 베트남에 진출했고 10년 만에 36개점을 운영하며 베이커리로는 로컬의 킨도베이커리와 1~2위를 다툴 수준으로 세를 확장하고 있다. 베트남은 과거 식민지 시절 프랑스에서 영향을 받아 베이커리의 수준이 높다. 그만큼 경쟁도 치열하다. 뚜레쥬르는 한류와 특유의 '소비자 중심' 서비스로 베트남인이 비교적 비싼 가격임에도 지갑을 열게 하고 있다. 친절한 직원과 더불어 좌석과 테이블을 둔 카페형 베이커리라는 점이 적중했다. 베트남의 거리를 걷다 보면 얼마나 베트남 사람들이 카페를 좋아하는지 알게 될 것이다. 어딜 가나 커피숍이 즐비하고 그 안에 둘셋씩 모여 커피 한 잔 하면서 얘기하는 사람을 많이 만나게 된다. 베이커리에 카페가 결합된 뚜레쥬르 매장은 기존의 빵만 진열해서 팔던 베이커리와 차별화하며 베트남 젊은이들이 기꺼이 더 비싼 돈을 지불하고 경험할 수 있도록 유도했다. 이처럼 세계시장에서 성공한 브랜드도 고전하는 베트남 시장이지만 철저한 현지화와 소비자에 집중하는 서비스를 제공하면 성공할 수 있다는 좋은 예를 한국 기업이 보여주고 있다.

07

베트남의 한류,
주인은 누구인가?

정서도 비슷하고 시기도 좋다

K드라마, K팝, K뷰티가 세계를 강타하고 있는데, 베트남도 예외는 아니다. 베트남에서 한류는 동남아 기타 국가들과 마찬가지로 1990년대 말부터 '겨울연가', '대장금' 등 한국 드라마부터 시작됐다고 볼 수 있다. 베트남은 유교의 영향을 받아 장유유서와 권선징악 가족 중심 등 한국과 문화적으로 결이 많이 비슷하다. 그래서 베트남 국민들에게 K드라마는 정서적 공감을 불러 일으켰다. 그 후, '동방신기' 등 K팝이 전파돼 한류 문화의 흐름을 이어갔다. 최근에는 한국과의 경제 교류가 증가하고 상대적으로 SNS가 발달함에 따라 한국의 문화를 접할 수 있는 접점이 늘어나면서 K뷰티, K푸드

등 문화 전반에 걸쳐 한류가 베트남인의 사랑을 받고 있다. 한국어에 대한 관심도 높아지고 있어서 한국어 말하기 대회가 열리는 등 한국문화와 언어를 알고자 하는 베트남인의 관심이 뜨겁다. 예를 들어 '체리혜리'는 베트남어로 재미있게 한국어를 가르쳐주는 유튜브 컨텐츠 크리에이터인데 60만 명의 팔로워를 거느리고 있다. 최근 한류의 '끝판왕'은 베트남 국가대표 축구팀을 이끌고 있는 박항서 감독이다. 23세 이하 아시아선수권(AFC) 준우승을 시작으로 자카르타 아시안게임 4강 진출, 10년 만에 동아시아선수권(스즈키컵) 우승 등 상대적으로 클래스가 낮다고 평가되는 동남아시아에서도 약체로 꼽히던 베트남 축구를 완전히 환골탈태시켜 놓았다. 박항서

U-23 결승진출   출처: VN 익스프레스

로컬식품 브랜드 모델 박항서 감독 | 빈그룹의 가전소매 매장인 빈프로의 삼성 전자 박항서 감독 전신광고판

감독은 '박항서 매직'이라 불리며 국민영웅급의 존경과 사랑을 받고 있다. 삼성전자, 신한은행 등 현지 진출 한국 기업도 '박항서 매직' 바람을 타고 적극적인 마케팅을 펼치고 있다.

이제 소비 시장으로 진출할 때

이처럼 베트남에서 한류 문화와 한국은 '한류열풍'이라고 부를 만큼 사랑을 받고 있다. 하지만 베트남에서 부는 한류의 인기에 편승해 활개치고 있는 중국산 짝퉁 브랜드와 한국 기업의 내수 시장에 대한 보수적인 침투 전략 때문에 우리가 좋은 기회를 잡고도 주도권을 넘겨주고 있는 것은 아닌지 염려가 앞선다. 나는 호치민 시

호치민 시 빈콤몰의 "삼무" 매장

내를 걷다 한국어 간판을 보고 신기한 마음에 할인 생활용품 스토어인 '미니굿'을 방문한 적이 있다. '삼무'라는 간판이 이상하기는 했으나 우리나라 사람이 영업하는 곳인 줄 알고 들어가 보니 통 어떤 기능을 하는지 이해할 수 없는 '얼굴모양', '방취방취' 등 국적불명의 제품명이 붙어 있는 상품이 즐비했다. 한국 아이돌의 음악을 매장에 틀고 한국어 간판을 달아 놓았으니 한국 사람이 아닌 외국인이 보면 영락없이 한국 브랜드로 보이겠다 싶어 씁쓸한 마음이 들었다.

알고 보니, '미니굿'은 한류에 편승하고자 한국계로 위장한 중국

기업이었다. 이 외에도 다른 잡화용품인 무무소(MUMUSO), 일라휘(ilahui) 등 출처를 알 수 없는 중국 저가 생활용품 샵이 베트남 대도시 상권 지역에서 베트남 소비자를 대상으로 한국 상품인 척 둔갑하고 성업 중에 있었다. 무무소는 베트남에만 30개가 넘는 매장을 운영하고 있다. 베트남 국민의 뿌리 깊은 중국에 대한 적대감을 우회하고 높아진 한류의 인기를 이용해 노골적인 꼼수를 부린 것으로 보인다. 다행인 점은 최근 베트남 정부가 높아지는 소비자의 불만에 귀를 기울이고 짝퉁 한류 업체를 단속하기 시작했다는 것이다. 저가형 생활용품 시장은 베트남 중산층이 성장하고 소비가 늘고 있어 매년 빠른 속도로 성장하고 있다. 한국 기업이 적극적으로 '진짜 한류' 마케팅을 펼칠 필요가 있다.

또 안타까운 점은 기대와 다르게 한국 공산품이 베트남 시장에 잘 침투하지 못했다는 것이다. 다음 사진은 내가 직접 호치민 시내의 롯데마트와 빈마트에서 찍은 것이다. 호치민 시의 대형마트에서 한국 공산품의 대표라고 할 수 있는 전기밥솥도, 화장품도 찾을 수 없었다. 한국 브랜드인 롯데마트에서도 라면을 제외한 한국 식품을 따로 모아 한국관을 운영하고 있었다. 베트남의 소득 수준과 대당 100달러가 넘는 국내 전기밥솥의 가격을 고려할 때 한국 기업이 진출하기엔 아직 수익성이 없기 때문이기도 하겠다. 또 여러 다른 이유가 있겠지만 한국 기업의 소극적인 베트남 시장 진출 전략이나 힘 있는 베트남 유통 채널을 확실히 확보하지 못한 이유도 적지 않아 보인다.

호치민 시의 롯데마트와 빈마트 매장 사진

일예로 그동안 삼양식품의 '불닭볶음면'은 베트남에서 인기를 끌었음에도 유통 채널을 확보하지 못해 크게 성장하지 못했다. 이에 고심하던 삼양식품은 베트남 1위 유통 사업자인 사이공쿱(Saigon Co.op)사와 손을 잡고 베트남 진출을 적극 모색하고 있다. 이처럼 한류의 유행이 한국제품에 대한 소비로 이루어지는 데까지는 많은 노력과 제반여건 확보가 필요하다. 특히 FMCG 시장이 지금 당장은 베트남 소비자의 소득 수준을 고려할 때 마진이 높지 않은 시장이라 하더라도 소비자 경험을 축적한다는 의미에서 한국 기업이 적극적으로 진출할 필요가 있다. 한국 문화와 한국에 대한 관심이 높아지고 있는 베트남 소비자를 우리의 고객으로 유치하려는 노력이 반드시 필요하다.

베트남 컨슈머 시장 성공 방정식, 마산그룹에서 찾다

베트남은 지난 20년간 세계에서 가장 빠르게 성장하는 소비 시장 중 하나로 등장했다. 새로운 성장 동력을 찾던 글로벌 컨슈머 업체로서는 놓칠 수 없는 시장이 된 것이다. 현재 베트남에서는 편의성 식품 수요가 증가하고 있고, 제품의 품질 및 건강에 대한 관심 증대되고 있으며, 브랜드 제품 선호도가 증가하고, 신제품 수요도 증가하는 등 소비자 시장이 구조적으로 변화할 조짐이 보이고 있다. 특히 식음료 부분은 도시 소비자의 라이프스타일이 지속적으로 변화하면서 높은 성장을 누릴 것으로 보인다. 또한 상대적으로 소비 시장에서 소외되던 지방 소비자의 가처분소득이 늘어나고 있어서 도시가 아닌 베트남 지역에서 브랜드 FMCG 제품 소비가 증가해 시장이 성장하는 데 주도적 역할을 할 것으로 보인다.

베트남 최대의 민간기업 중 하나인 마산그룹(Masan Group)의 주력 사업은 소비재와 천연자원 개발이다. 마산그룹은 무한경쟁 중인 베트남 소비재 시장에서 자회사인 마산컨슈머(Masan Consumer)를 베트남 내에서 가장 성공적인 FMCG 회사로 성장시켰다. 마산컨슈머의 핵심 제품은 소스류, 컵라면류, 향신료와 음료 등 F&B FMCG다. 오늘날 베트남 국민의 98퍼센트가 하나 이상의 마산컨슈머의 피시소스[17]를 사용하고 있다. 사료 사업에서는 베트남 최초로 축산 밸류체인을 구축, 전 분야에 걸쳐 대규모 투자를 함으로써 20조 원 규모의 베트남 내수 시장을 노리고 중국 수출을 확대하고 있다. 이외에도 마산그룹은 베트남 민영 1위 은행인 테크콤뱅크(Techcombank)의 주요 주주다. 2018년 싱가포르국부펀드(GIC)는 마산그룹에 약 1000억 원 정도를 투자했으며 최근에는 한국 SK가 지분 9.5퍼센트를 확보하며 한화 약 5300억 원을 투자해 전략적 협력 관계를 맺었다. 양사는 국영 기업 민영화나 전략적 대형 인수합병도 공동 추진해 나갈 계획이다.

시장을 이해한 기획력

베트남 경제가 지속적으로 성장하고 소비자의 소비 여력이 커지

---

17) 베트남에선 음식의 간을 맞출 때 생선을 발효시켜 만든 투명한 붉은색의 어장(魚醬·fish sauce)을 쓴다.

고 있어 내수 FMCG 시장에서 로컬 기업과 해외 기업이 날로 강하게 경쟁하고 있다. 글로벌 대기업은 베트남에 적극적으로 진출하려 하고 있으며 베트남의 로컬 브랜드는 시장점유율을 지키려고 안간힘을 쓰고 있다. 그러면 어떻게 마산컨슈머는 글로벌 FMCG와 경쟁하면서도 성공적으로 성장할 수 있었을까? 상품 개발과 판매 측면에서 마산컨슈머의 핵심전략은 크게 가격(Price), 품질(Quality), 접근성(Accessibility)이다. 이미 대도시를 중심으로 슈퍼마켓과 대형마트가 들어오기 시작하자 해외 FMCG 경쟁사는 도시의 굵직굵직한 판매 채널에 집중했다. 이때 마산컨슈머는 저렴한 가격과 높은 품질을 앞세워 새로운 브랜딩으로 지방을 공략했다. 베트남의 대도시가 대형 슈퍼 같은 큰 판매 채널과 소수의 공급망으로 이루어져 있는데 비해 지방은 다수의 공급망과 소규모 판매 채널로 이루어져 있다는 차이점이 있다. 마산컨슈머는 높은 품질과 다양한 브랜드에 따른 가격 정책, 그리고 지방 공급업자를 아우르는 촘촘한 물류를 통해 침투한 마산은 자기만의 FMCG 상품 포트폴리오를 구성할 수 있었고, 이것을 가지고 가처분소득이 늘어난 지방 중산층을 공략했다.

먼저, 마산컨슈머는 FMCG 상품 중에서도 맛과 음식이라면 토종브랜드가 더 소비자를 잘 이해할 수 있다는 생각으로 F&B에 집중했다. 마산컨슈머는 다년간의 시장 리서치를 통해 베트남 시장은 9세에서 44세 사이의 비중이 가장 크며 컵라면이나 향신료에 대한 소비 여력이 높고 좀 더 건강하고 좋은 재료를 쓰는 제품을 선호함을 파악했다. 특히 베트남의 전통 피시소스와 간장류 제품 시장을 면밀히 분석해 브랜드가 없는 영세 상품이 전통시장 네트워크를 통해 저렴한 가격에 팔리고 있음을 파악하고, 중산층의 소득이 증가하고 식품의 안정성에 대한 요구가 생기면서 여러 가지 무명 브랜드에서 프리미엄 브랜드로 교체하려는 수요가 있다고 분석했다. 물론 가격도 지방 중산층 소비자가 접근하기에 부담 없는 수준으로 맞추었다. 마진 부담은 제품라인별 엄브렐라 브랜딩(Umbrella Branding)을 도입해 마산제품에 대한 고객의 충성도를 높이는 동시에 저렴한 상품부터 프리미엄 제품에 이르기까지 상품군을 다양화함으로써 해소했다. 예를 들어 프리미엄 라인인 '친수(Chin-su)'와 보급 라인인 남 응우(Nam Ngu) 브랜드로 판매되는 마산컨슈머의 피시소스는 베트남 전체 피시소스 시장의 76퍼센트를 차지하고 있다. 콩을 이용한 소이소스 제품 점유율은 78퍼센트에 달한다.

인수합병을 통한 사업의 다각화

다음으로 지속적인 인수합병을 통해 다양한 식료품 포트폴리오를 구축하고 지방 중소 공급 업자와의 협상력을 높였다. 마산그룹은 2011년 비나카페(VinaCafe)브랜드를 가지고 있던 비나카페 비엔 호아(VCF, Vinacafe Bien Hoa)를 인수해 인스턴트커피 시장에 진출했다. 비나카페의 대표적인 인스턴트커피 제품인 웨이크 업(WakeUp)은 베트남 인스턴트커피 시장의 44퍼센트를 차지한다. 또한 마산그룹은 베트남 맥주 시장이 크게 성장할 것이라 예상하고

마산그룹의 대표 제품들 왼쪽부터, 친수 소스, 웨이크업 인스턴트커피, 수투랑 맥주, 비오
지엠 양돈사료   출처: 마산그룹

2014년 9월 수뜨짱(Su Tu Trang)을 생산하는 현지 기업 푸옌맥주음료(Phu Yen Beer & Beverage)를 약 130억 원이라는 저렴한 가격에 인수해 남부의 전통 맥주브랜드와 맥주제조 원천기술을 확보했다. 마산그룹은 다음 해 12월 태국의 글로벌 맥주회사 싱하(Singha)와 제휴를 맺고 싱하그룹이 투자한 11억 달러로 신규 맥주 생산시설을 설립해 생산 능력을 네 배 이상 확장했다.

마산의 인수합병 전략은 양돈 사업에서 그 진가를 발휘한다. 마산그룹은 마산뉴트리사이언스(Masan Nutri-Science)를 통해 양돈 사료 업체인 프로콘코(Proconco)를 인수했으며 전략적으로 베트남의 최대 양돈 공급자인 비산(Vissan)의 지분 30퍼센트를 확보했다. 2018년에 마침내 마산그룹은 하남(Ha Nam)성에 육류가공단지를 착공해 비로소 양돈 사업의 3f(feed-farm-food) 모델을 완성했다. 이처럼 공격적이지만 철저히 F&B와 컨슈머에 집중한 인수합병을 함으로써 소스부터 컵라면, 인스턴트커피, 이제는 돈육까지 공급하면서 대도시에서도 대형 공급 업자를 상대로 막강한 협상력을 확보하게 되었다.

베트남 컨슈머 시장의 토종 강자 마산그룹은 응우옌 당 꽝(Nguyen Dang Quang) 회장이 1996년 세웠다. 초기에는 러시아에서 인스턴트 라면을 팔기 시작해 성공을 거뒀고, 베트남으로 돌아와 사업을 시작했다. 현재 마산그룹의 2017년 매출액은 한화로 약 2조 원에 달하며 베트남 식음료 분야에서 명실상부한 1위 기업이다. 뒤에서 상세히 설명할 빈그룹의 팜 회장과 더불어 베트남 민간 기업의 성공 스토리를 쓰고 있다. 베트남 컨슈머 시장에서의 성공 비결은 마산그룹을 보면 알 수 있다.

chapter 5

베트남
우리는 기회를 가졌는가?

01

삼다(三多)의 국가
베트남

베트남을 이해하는 키워드 중 하나가 '삼다국(三多國)'이다. 베트남에는 앞으로 이야기할 대표적인 세 가지가 풍부하며 이는 다양한 사업을 펼치려 해도 꼭 고려해야 할 중요한 요소이자 우리가 그동안 선진국의 눈으로 바라보던 기존 사업의 패러다임, 즉 선진국적 관점에서의 가정(예를 들어, 인건비가 주요 고정비인 사업은 안 된다는 둥)과는 다르게 바라봐야 하는 이유이기도 하다.

베트남은 젊고 역동적인 노동력이 풍부한 나라다

현재 베트남 인구의 65퍼센트는 30세 이하다. 게다가 이 인구는

베트남의 젊은 인구   출처: BBC

공산주의의 의무교육 덕분에 낮은 문맹률을 자랑한다. 젊기 때문에
도전적인 업무를 하려는 의지가 강하며 기본적으로 보상보다 경험
에 방점을 찍고 직업을 찾는다.

　새로운 기회를 찾는 젊고 풍부한 노동력이 지방에서 도시로 유
입돼 도시에서 직원을 구하는 것이 용이하고 노동시장 탄력성이 높
아 인력이 많이 필요한 사업이라도 비교적 인건비에 민감하지 않게
시작할 수 있다. 예를 들어 엔 키드 코퍼레이션(N Kid Corporation)
이라는 회사가 운영하는 베트남의 대표적인 키즈카페인 티니월드
(TiniWorld)에는 아이들과 놀아주는 젊은 형, 누나 같은 직원이 넘쳐
난다. 약 300평 매장에 최소 직원이 20명은 포진하고 아이들의 다
양한 요구에 친절히 응하며 부모가 편하게(?) 쉴 수 있도록 해준다.
동네 커피숍만 가도 바리스타, 주문을 받는 사람, 매장을 관리하는

호치민 시 대형 쇼핑몰 내 무인은행 지점에서 대면 업무를
보고 있는 베트남 가족

사람이 각각 포지션에서 자기 업무를 수행하고 있다. 물론, 업무숙
련도나 효율 측면에서는 아직 수준이 낮아 한국에서 진출한 많은
기업이 '한국 직원 한 명이 하는 일을 베트남 직원 네 명이 한다'는
푸념을 늘어놓기도 한다. 하지만 내가 얘기하고자 하는 바는 좀 다
른 부분에 대한 것이다.

젊은 노동력이 풍부하므로 인건비 문제 때문에 선진국에서 꺼려
하거나 고려할 가치가 없던 사업이 새로운 사업 모델로 등장하고

있다. 예를 들어 베트남 은행은 ATM 기계를 이용해 7일 24시간 은행 업무 서비스를 이미 수행하고 있다. 단순히 ATM 기계로 입출금 서비스만 하는 것이 아니고, ATM 기계를 통해 7일 24시간 내내 본사에서 근무하는 은행원과 대면으로 통장도 만들고 은행 업무도 볼 수 있다. 우리나라에서는 업무효율성, 수익성, 그리고 높은 인건비 때문에 고려 대상조차 못 되는 7일 24시간 은행이 이미 베트남에서는 서비스되고 있는 것이다.

베트남의 젊고 풍부한 노동력은 그 자체만으로도 풍부한 사업 자원이지만 이들이 베트남 경제에서 소비력을 가지게 되면 베트남 경제는 우리에게 새로운 관점을 요구할 것이다.

베트남은 신용보다 현금이 많다

베트남 경제는 현금 경제다. 2014년 세계은행 자료에 따르면 만 15세 이상의 베트남인 중 통장을 개설한 이는 31퍼센트에 불과하다(한국은 94퍼센트이며, 태국은 78퍼센트다). 최근 들어 신용카드를 사용하는 사람들이 늘어나는 추세이기는 하나 아직도 현금이 지불수단에서 차지하는 비율이 90퍼센트 이상으로 압도적이다. 베트남에서는 거의 모든 온라인 쇼핑몰이 물품 수령 시 배송기사에게 현금으로 대금을 지급하는 COD(Cash on Delivery) 옵션을 갖추고 있다. 따라서 앞으로 신용(Credit)을 근간으로 한 사업의 확장이 기대된다.

여기까지는 모두가 예측해 볼 수 있는 영역이다. 단, 우리가 간

베트남 지폐

과하지 말아야 할 것은 신용을 근간으로 하는 파생 비지니스의 영역에 아직 어려운 문제가 많다는 것이다. 일단 체크카드와 신용카드의 침투율이 각각 27퍼센트, 4퍼센트로 매우 낮다. 통신회사에 지불하는 통신료 중 플랜에 따라 다달이 통장에서 자동이체 되는 통신비의 비중은 매우 낮으며 매달, 또는 사용량에 따라 고객들이 편의점 등에서 USIM에 충전해 사용하는 비중이 매우 높다. 할부금융이 없어 할부로 자동차나 가전 등을 구매하는 시스템이 자리를 잡지 못했으며 국내에서는 활성화된 정수기나 공기청정기 렌탈서비스가 아직 자리 잡기 어려운 실정이며 자동이체도 활성화돼 있지 않아 다양한 서비스 이용료에 대한 연체율이 높은 편이다.

따라서 베트남의 전자상거래 기업이나 택배로 상품을 전달하는 기업을 분석할 때는 '환불 후 매출(Revenue after return)'을 기준으로 분석해야 한다. 통상적으로 전자상거래를 했는데 배송하면 현금 지급을 거부하고 환불하는 비율이 20퍼센트가 넘는 것으로 알려져 있어 환불 전 매출로 분석한다면 실적이 많이 왜곡된다.

혹자는 '언젠가는 베트남에도 신용사회가 올 것이니 다 시간이 해결할 문제'라 하겠지만 한 가지 생각해 봐야 할 것이 있다. 흔히 사람들은 베트남이나 중국의 현재가 우리의 몇 년 전 과거라고 말한다. 하지만 중국의 예에서 알고 있듯이 그렇게 단편적으로 가정하기에는 무리가 있다. 우리나라가 30년 전에 살던 세계와 지금의 세계는 완전히 다르기 때문이다. IT 혁명 즉, 정보화혁명은 이 모든 것을 바꾸어 놓았고 현재 개발도상국이 발전하는 속도와 방향은 30년 전 우리와 완전히 다르다.

한 가지 좋은 예로, 중국을 '카세트테이프에서 CD 없이 바로 MP3로 직행한 나라'라고들 한다. 비교해 얘기하자면, 베트남은 현금에서 신용카드를 거쳐 핀테크(Fintech)로 가는 게 아니라 바로 현금에서 핀테크로 갈 수도 있다는 사실을 잘 고민해 보아야 한다. 현재 베트남의 스타트업 시장을 보면 후자가 정답일 가능성이 매우 높다. 보스턴컨설팅이 집계한 바에 따르면 베트남의 전자지갑 시장은 매년 75~80퍼센트씩 성장했다. 코트라(KOTRA)에 따르면 2017년 10월 기준, 베트남에는 48개의 핀테크 기업이 존재하여 이중 절반 이상이 모바일페이 사업에 집중하고 있다. 2016년 기준 베트남 핀테크 기업에 대한 투자는 전체 벤처투자의 63퍼센트를 차지했다. 그만큼 스타트업 시장에서 '다음 세대의 지불수단'에 큰 관심을 보이고 있다. 베트남 핀테크의 중심에 모모(MoMo)라는 회사가 있다. 2013년 골드만삭스에서 575만 달러, 2016년에는 스탠다드차티드은행에서 2800만 달러를 투자받은 모모는 현재 베트남에서 가장 '핫'한 스타트업 중 하나로 꼽힌다. 모모는 미국의 웨스턴유니온(Western Union)[18]과 비슷한 입금과 송금, 결제 중심의 핀테크 회사다. 현재 1000만 명 이상의 베트남 고객이 모모의 전자지갑(e-wallet)을 사용하고 있으며 베트남 대부분의 지역에 '환전 및 거래 지원' 점포를 두고 있다. 모모의 점포는 개별 점포가 아닌 편의점/슈퍼, 음식점, 가게 등 일반 점포이며 모모의 회원사로서 고객의 전자지갑 입출금 업무를 수행하고 있다. 모모의 이용자는 별도의 은행 계좌가 있지만 전국 어디서나 접할 수 있는 모모 가맹점에서 입출금 및 송금 업무를 할 수 있다. 또한 계좌가 없어도 자신의 모모 전자지갑 계정에 현금을 충전해 모바일머니로 환전한 뒤 송금 및 온라인 결제를 할 수 있다. 타 선진 국가에서 신용카드가 맡은 역할을 모모라는 온라인 핀테크 회사가 수행하고 있는 것이다. 베트남 정부는 2020년까지 90퍼센트까지 비현금 결제를 늘리겠다는, 어쩌면 비현실적인 목표를 설정하고 움직이고 있다. 그 중심에는 전자지갑과 전자상거래가 있다. 모모는 그런 정부의 큰 그림 위에서 베트남 핀테크 시장을 빠르게 선도하고 있다.

---

18) 미국의 금융, 통신회사로 남미 노동자들이 본국에서 번 임금을 본국으로 송금하는 사업으로 큰 성공을 거둔 회사. 은행보다 높은 수수료를 지불하지만 현금을 바로 송금할 수 있어 은행 계좌를 열기 까다로운 이민자, 유학생들이 애용했음

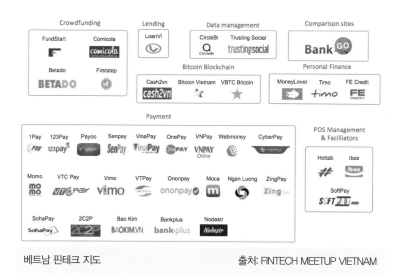

베트남 핀테크 지도　　　　　　　　　출처: FINTECH MEETUP VIETNAM

은행통장은 없으나 스마트폰 하나씩은 다 들고 있는 베트남 소비자의 특수한 상황이 핀테크 회사가 발 빠르게 성장할 수 있는 좋은 환경이 되고 있는 것이다. 현재 78개 은행이 카드 발급 외에도 인터넷으로 결제할 수 있는 서비스를 제공하고 있으며, 41개 은행은 모바일결제 서비스를 제공하고 있다. 은행 간 전자결제 시스템 및 교환 시스템의 거래액 증가율은 비현금결제 중 30퍼센트 이상이었다. 인터넷 결제는 81퍼센트 증가했으며, 모바일은 거의 70퍼센트 증가했다.[19] 앞으로도 현금에서 핀테크로 넘어가는 결제 시장에 큰 기회가 있을 것으로 기대된다. 다양한 회사가 새로운 기회를 만들어 낼 것이며 결국 시장은 몇 개의 큰 회사가 작은 회사를 인수하면서

---

19) 인사이드비나, "베트남, 비현금결제 빠르게 증가"

과점 경쟁체제로 들어가게 될 것으로 보인다. 우리가 경험하지 못한 발전 궤적을 눈을 열고 관심 있게 지켜보면 흥미로운 기회가 열릴 것이다.

베트남은 오토바이가 인구의 절반이다

베트남의 인구는 약 1억 명 오토바이는 약 5000만 대에 이른다. 인구의 반이 오토바이를 가지고 있다는 뜻이다. 차가 있어도 오토바이 하나씩은 다 있다고 해도 과언이 아니다. 하노이나 호치민의

호치민 시내의 오토바이 주차장

거리를 가득 매운 오토바이 행렬은 일상적으로 볼 수 있다. 몬순기 후의 특징인 갑작스러운 소나기가 내려도 우비 하나만 걸치고 길을 달리는 오토바이들을 보고 있자면 쓸쓸함이 느껴지다가도 오토바이 한 대에 네 가족이 타고, 그 와중에 막내는 맨 앞자리에서 계기판에 얼굴을 기대고 자는 모습을 보면 저들의 삶에 깊게 녹아들어 간 오토바이라는 운송수단을 고민해 보게 된다.

오토바이가 일상과 밀접하다 보니 오토바이와 연계된 소비문화도 독특하다. 오토바이 운전자가 이용하기 편하도록 길거리 상점이 발달돼 있고 오토바이 주차를 도와주는 발렛파킹 업무를 경비원이 수행한다. 레스토랑, 커피숍도 오토바이로 접근이 용이한 장소에 있는 곳에 있어야 고객이 몰린다. FMCG 상품을 파는 소매점도 오토바이로 이동이 불편한 대형마트보다 가볍게 오토바이를 세워 놓고 구매할 수 있는 편의점이 빠른 속도로 성장하고 있다. 기업의 사은품도 오토바이 헬멧이나 마스크와 같이 오토바이 사용자 위주의 상품이 많다. 기업 로고가 들어간 오토바이 헬멧과 마스크는 거리를 누비는 좋은 광고 매체다. 대도시 내의 주유소나 상점 주차장 모두 자동차보다 오토바이에 최적화돼 있다. 도로가 좁고 대중교통이 불편해 교통체증이 심한 베트남의 대도시에서는 당분간 오토바이를 대체할 수 있는 대중 운송수단은 없을 듯하다. 반면 오토바이는 많은 사회적 부작용을 낳고 있다. 수많은 오토바이가 내뿜는 매연으로 도시의 공기는 오염되고, 끼어들기와 꼬리물기 등은 교통체증과 안전사고의 중요 요인이 되고 있다.

오토바이의 판매량은 꾸준히 증가하고 있으며 소비자의 욕구도 다양해져 다양한 브랜드의 오토바이가 베트남의 거리를 누비고 있다. 국내에서도 마니아층을 보유하고 있는 이탈리아 럭셔리 스쿠터 브랜드인 베스파(Veapa)의 최대 시장이 베트남이라는 사실은 놀랄 일이 아니다.

나는 오토바이가 가진 모빌리티(mobility)를 좀 더 얘기해 보고자 한다. 베트남에 살면서 가장 놀란 것 중 하나는 우리나라 '배달의 민족'이나 '요기요'와 같은 배달앱인 베트나미(Vietnammm)에서 음식을 주문하면 20분도 안 되어 따뜻한 피자가 배달되는 것이었다. 결론부터 말하자면, 5000만 대의 오토바이는 베트남에서 모빌리티와 연결된 모든 사업의 신세계를 열고 있다. 국내에서 관심을 받고 있는 O2O, 택배, 새벽배송 등 배송과 관련된 모든 사업이 베트남, 최소한 하노이나 호치민 등의 대도시에서는 실시간으로 이루어지고 있다. 배달비용도 저렴해 우리 돈 1000에서 2000원이면 도시 내 어디든 20분 내로 배달하는 환경이 이미 자리 잡혀 있다. 높은 오토바이 보급률을 막대한 모빌리티 사업의 인프라로 보면 새로운 기회가 보인다. 이 새로운 기회를 잡아 사업적 성공을 이룬 훌륭한 예가 베트남에 많다.

세계 1위의 차량공유 서비스업체인 우버(Uber)는 말레이시아의 그랩(Grab)과 베트남에서 정면충돌했다. 결론부터 말하면 그랩의 완승이었다. 물론 우버가 그랩의 2대 주주 지분을 받으며 시장에서 철수했으니 꼭 우버의 패배라고 볼 수는 없으나 그랩이 우버를 베트남 시장에서 몰아냈다는 데에는 이견이 없다고 본다. 현재 베트남의 1위 운송 업자는 그랩이다. 한때 두 자릿수 성장을 하며 베트남 거리를 가득 누비던 비나선과 마이린택시 등은 적자를 기록하고 직원을 대폭 줄이는 등 심각한 경영 위기에 직면해 있다. 그러면 세계적인 경쟁자과 로컬의 쟁쟁한 택시 업체를 상대로 그랩은 어떻게 성공했을까? 우버는 자동차 위주의 비즈니스를 전개했다. 택시를 대체한다는 아이디어에서 한 발짝 더 나가지 못한 우버에 비해 그랩은 오토바이를 기본으로 시장을 잠식해 나갔다. 베트남의 낙후된 도로환경과 높은 오토바이 보급률을 기반에 두고 철저히 현지화 전략으로 나간 것이다. 신용카드를 등록하지 않아도 현금 결제가 되도록 해서 그랩은 현금 위주의 경제 사회인 베트남에 완벽하게 동화된 서비스를 제공했다. 그랩의 오토바이 서비스인 그랩바이크(Grabbike)는 그랩을 베트남 최고의 운송 서비스 업체로 만들어 주는 일등 공신이 됐다. 최근에는 그랩바이크를 이용한 음식배달 서비스인 그랩푸드(Grabfood)를 런칭함에 따라 진입장벽이 낮은 배달 서비스 업체에 큰 위협이 되고 있다. 시장을 잘 모르는 외국인 입장에서 "도대체 왜 남의 오토바이를 얻어 탈까?"하는 의문이 들지도 모르지만 그런 생각은 접어도 좋다. 약속 시간에 늦었을 때 꽉 막힌 도심을 그랩바이크로 달려보면 그 이유를 충분히 알 수 있다.

이처럼 베트남에 풍부한 오토바이 인프라가 제공하는 모빌리티는 절대 과소평가해서는 안 되는 영역이다. 내가 투자를 검토하던 로컬 약국 체인의 비즈니스 모델은 현대화된 모던 트레이드 매장을 도시 여러 곳에 열어 소비자의 지갑을 여는 것이었다. 한없이 올라간 벨류에이션 탓에 차마 투자를 못했으나 후에 대형 약국 두 군데에서 호치민 시 전체를 모빌리티 약국앱을 통해 배달 서비스하겠다는 비즈니스 모델을 세운 것을 보고 그전 오프라인 약국 체인에 투자를 안 한 것을 얼마나 다행으로 여겼는지 모른다. 이처럼 풍부한 오토바이 인프라가 제공하는 모빌리티의 사업 기회는 무궁무진하다. 베트남에 인구의 반이 오토바이 보유자라는 사실을 잊지 말자.

02

베트남의 경제지도,
빈그룹

국가의 방향과 함께하는 사업 모델

이제는 우리도 많이 알고 있는, '베트남의 삼성'이라 불리는 빈 그룹(Vingroup)은 명실상부한 베트남 최대 기업이다. 빈그룹을 잘 보면 한국의 3공화국 시대의 '현대그룹'이 연상되고 빈그룹의 총수 인 팜 니얏트 보홍(Pham Nhat Vuong)을 보면 현대그룹의 창업주 고 정주영 회장이 떠오른다. 팜 니얏트 보홍은 베트남 출신으로는 2013년 4월 최초로 미국 '포브스' 선정 억만장자 리스트에 이름을 올 렸다. 팜 회장은 러시아 유학파 출신으로 러시아에서 베트남 식당 을 시작했고, 즉석라면 사업으로 대성공을 거둔 덕분에 '라면왕'으 로 불린다. 팜 회장은 즉석라면 사업을 하던 '테크노컴'사를 2009년

네슬레에 1억5000만 달러에 매각했다.

러시아에서 사업을 일구면서도 팜회장은 본국에서 리조트 사업과 부동산 개발 사업으로 빈그룹의 기초를 다졌다. 2008년 글로벌 금융위기로 베트남 경제가 직격탄을 맞을 때가 팜회장과 빈그룹에게는 더 할 나위 없는 좋은 기회가 됐다. 2009년 '테크노컴' 매각 이후 확보한 현금을 가지고 공격적으로 사업을 확장했다. 빈그룹은 혹독한 시기를 견뎌내며 명실상부한 베트남의 최대 민간 기업으로 성장했다. 현재 빈그룹은 리조트, 부동산, 의료, 편의점, 마트, 쇼핑센터, 교육 등 다방면으로 사업을 확장하고 있으며 베트남 경제 성장의 최전방에 있다. 팜회장과 빈그룹의 성장 스토리는 그 자체

빈그룹팜 니얏트보홍 회장　　　　　　　　　　　　　출처: insidevina.com

빈그룹의 사업영역은 지속적으로 확대 중 　　　　　　　　出처: 빈그룹

만으로도 위대한 이야기이기는 하나 우리는 여기서 한 발 더 나아가고자 한다.

앞에서 살펴본 대로 베트남 정부는 쏟아져 들어오는 FDI와 빠르게 성장하는 국내 경제를 뒷받침하려다가 거대한 재정 적자를 쌓았다. 이 재정 적자를 국영 기업의 지분을 매각해 보충하고 있는 실정이라 국영 기업이 정부의 경제발전 아젠다를 집행하기에는 어려운 상황이다. 마치 박정희 정권 시절 고 정주영 회장의 현대그룹이 그런 것처럼, 팜 회장의 빈그룹은 정부의 아젠다와 매우 밀접한 방향으로 사업 확장의 궤를 그리며 나아가고 있다. 이 뒤에는 당연히 공산당의 막대한 지원이 있음이 자명하다. 따라서 빈그룹이 진행하고 있는 사업을 보면 베트남 정부의 큰 그림을 볼 수 있고 그에 따른 새로운 기회가 보인다.

빈그룹이 새롭게 진출해 세간의 관심을 받는 분야는 크게 세 가지다. 베트남 최초의 자동차 제조기업인 빈패스트(Vinfast), 스마트폰 제조 판매를 목표로 하는 빈스마트(VinSmart), 그리고 지불결제 서비스 시장의 빈아이디(VinID)다. 여기서 주목해 볼 만한 것은 빈패스트와 빈스마트는 모두 벨류체인을 가지고 있는 제조업이라는 사실이다. 베트남 정부의 고민 중 하나는 삼성을 포함한 대부분의 해외 기업이 베트남에서 진행하는 사업은 저렴한 노동력을 바탕으로 하는 가공 무역이며, 중국의 예에서도 보았듯이 이것만으로는 탄탄하고 영속적인 경제 발전을 장담할 수 없다는 것이다. 우리나라나 일본처럼 삼성전자, 현대자동차 등 벨류체인을 가지고 있는 제조업이 성장해야 벨류체인 안에서 다양한 중소기업이 성장해 고용증대와 지속가능한 경제 발전을 이룰 수 있기 때문에 베트남 정부는 이 같은 제조업 근간의 사업을 진행해 나가는 빈그룹을 적극 지원하고 있다.

빈그룹의 빈패스트, 자동차 제조국의 희망

그럼 베트남 최초의 자동차 제조기업인 빈패스트부터 살펴보자. 2017년 9월 빈그룹은 베트남 북부 하이퐁에 자동차 공장을 건설하고 2019년에는 5인승 승용차와 7인승 SUV를, 2020년에는 전기자동차를 양산할 계획을 발표했다. 이를 위해 빈그룹은 해외 투자자를 상대로 그룹 차원의 대규모 유상증자를 진행했으며 한국의 대기업과 기관 투자자도 참여했다. 완성도 높은 차량을 생산하고자 세계

172

1위 자동차 부품 기업인 보쉬와 협업했고 지멘스 등과 협약해 최첨단 생산 공장을 설립했다. 디자인은 이탈리아의 디자인 스튜디오인 피닌파리나(Pininfarina)가 맡았고, BMW의 단종 모델 생산 플랫폼을 들여와 사용했다. 2020년에 생산할 빈패스트의 전기차에는 배터리가 들어가는데 이미 LG 화학과 MOU를 체결해 공급 계획을 완료했다.

빈패스트는 2018년 10월 3일 프랑스 파리모터쇼 현지에서 첫 세단과 SUV를 공개했다. 빈패스트는 이번에 런칭하며 디자인 공개 투표를 실시하는 파격을 보였다. 이번에 선보인 두 모델은 네 명의 디자이너가 제시한 20개 모델 중 6만2000명이 투표에 참여한 결과로 선정했다. 베트남 최초의 자동차 제조 기업에 쏠린 베트남 국민의 관심은 매우 뜨겁다.

빈패스트의 파리모터쇼 런칭 이벤트를 보며 우리나라 사람들은 1974년 이탈리아 토리노 모터쇼에서 처음 선보인 한국 현대차의 포니를 연상한다. 당시 포니도 해외의 기술을 들여와 국내에서 생산한 제품이었고 대한민국의 제조업이 세계무대에 데뷔했다고 알리는 의미 있는 이벤트였다. 40년의 간극을 빈패스트는 막대한 투자와 전 세계 우수 기업과의 협업으로 따라잡고 있다. 이것이 배트남과 우리나라의 경제 차이가 결코 40년이 아니라고 말한 이유다. 중국처럼 베트남도 매우 빠른 속도로 기술의 진일보를 이룰 것이며 여기에는 빠르게 성장하는 1억 명의 내수시장이 큰 역할을 할 것이다. 어쩌면 우리가 생각하던 40년의 격차는 5년으로 줄어들 수도 있다.

　빈패스트는 자동차뿐 아니라 전기 오토바이 시장에도 진출한다. '클라라'라고 명명된 빈패스트의 전기 오토바이는 현재 5000만 대에 이르러 베트남의 공해의 주범이라 지목받는 가솔린 오토바이를 대체하겠다는 야무진 꿈을 꾸고 있다. 베트남 호치민 시만 해도 이미 낙후된 좁은 도로 사정과 거리를 가득 매운 오토바이 때문에 소음, 공해 등 많은 문제가 발생하고 있다. 따라서 호치민 시 정부는 하노이 시에 이어 2030년까지 시내에 오토바이가 다니지 못하도록 전면 금지하는 법안을 통과시켰으나 현실적으로 인프라 확충과 자동차 보급율의 증가 없이 도시 서민의 주요 이동수단인 오토바이를 금지한다는 것은 도시의 맥을 끊겠다는 얘기나 다름 없어서 곤란을 겪고 있다. 따라서 가솔린 오토바이에 비해 소음, 공해가 월등히 적은 전기 오토바이는 좋은 대안이 될 수 있다. 이 예도 정부의 의지와 빈그룹의 사업적 필요가 한 방향을 보고 있다는 좋은 사례다.

자라나는 IT 제조사의 꿈

　빈스마트는 IT 제조업의 벨류체인을 육성하고자 하는 정부의 의지와 빈그룹의 사업적 필요가 만난 예라고 볼 수 있다. 현재 베트남의 스마트폰 시장은 삼성전자, 애플, 오포 등 해외업체가 평균 10퍼센트 이상의 고성장을 기록하며 경쟁하고 있고, 삼성전자는 베트남 총수출액의 20퍼센트를 차지할 정도로 베트남 경제에 미치는 영향이 막강하다. 하지만 삼성전자는 대부분의 부품을 해외에서 조달하며 벨류체인을 한국과 중국, 대만에 두고 베트남 공장에서는 조립만 하는 가공 무역을 하고 있다. 따라서 1차 벤더가 없는 베트남으로서는 삼성전자나 다국적기업의 공장이 있어도 국내 벨류체인이 형성 안 되는 딜레마에 빠져 있다. 심지어 베트남에는 이런 다국적기업이 운영하는 공장의 소소한 조달 니즈를(포장, 마감처리 등) 종합적으로 충족시켜주는 지원산업(Supporting Industry)이라는 분야가 하나의 산업으로 자리 잡고 있다. 이들 지원산업에 속해 있는 기업은 다국적기업의 비닐 포장, 포장충전재, 마감 작업 등을 해주며 벨류체인 안에는 포함돼 있으나 벤더로서의 자체 경쟁력은 매우 낮은 하청업체 수준의 사업을 하고 있다.

빈스마트의 등장으로 베트남 정부는 고부가가치 IT제조업의 전방산업(upstream) 업체를 육성함으로서 후방산업(downstream) 벨류체인의 자연적 성장을 유도할 수 있게 됐다. 빈그룹은 비교적 진입장벽이 낮은 저가형 스마트폰 시장에 진출해 거의 100퍼센트 외국기업에 잠식되어 있는 내수 시장에서 점유율을 확보한 후 연구개발을 통해 해외로 진출하겠다는 계획이다. 중국의 화웨이, 오포, 비보가 저가폰 시장에서 동남아시아를 점령하고 있듯이 베트남의 빈스마트 제품도 미얀마나 라오스 등 미개척 개발도상국 시장에서 선전하는 그날을 기대해 본다.

핀테크와 주택단지까지

마지막으로 빈그룹은 2018년 상반기에 그룹 산하의 멤버십 카드 업체인 빈아이디의 지분 80퍼센트를 매입하면서 지급결제 서비스 시장으로의 진출을 알렸다. 빈아이디는 빈그룹에서 운영하는 리조트, 학교, 마트 등에서 포인트를 적립하고, 사용하는 데 필요한 빈카드(VIN CARD)를 만들려면 필수적으로 가입해야 하는 회원 아이디다. 앞에서 살펴본 바와 같이 베트남은 아직도 대부분의 지불을 현금으로 하는 현금 사회다. 온라인에서 주문한 상품도 배달 시 현금 결제(Cash on Delivery)하는 비중이 80퍼센트에 육박하며 신용카드 시장은 크게 성장하지 못하고 있다. 따라서 베트남은 현금 시장에서 신용 시장 없이 바로 핀테크 시장으로 넘어갈 것이라는 전망이 나오고 있으며 수많은 핀테크 기업이 이 기회를 잡으려고 진검승부를 펼치고 있다. 빈아이디를 통해 이룩하고자 하는 사업이 국내 SK그룹의 '해피포인트'와 유사한 것으로 보이나 빈아이디는 관광, 쇼핑, 의료, 학교, 제조를 아우르는 빈그룹을 배경으로 두고 있다는 사실을 고려할 때 핀테크까지 아우르는 광의의 플랫폼이 될 확률이 높아보인다. 빈그룹은 사업 영역 자체가 베트남 경제를 큰 폭으로 아우르는 광폭 행보를 지속하고 있다. 이에 따라 빈카드의 영향력은 더 커질 전망이다. 여기에 핀테크 결제까지 합쳐진다면 그야말로 빈그룹은 베트남 안에서 독자적 경제체제를 구축하게 될 것으로 보인다.

빈그룹은 최근 호치민 시내에 43.91헥타르 규모의 빈홈스 센트럴

파크(Vinhomes Central Park)라는 고급 주거단지를 론칭했다. 빈홈스 센트럴 파크 안에는 베트남에서 가장 높은 건물인 81층 '랜드마크 81타워'가 들어섰다. 한국 교민과 주재원 가족도 많이 입주했는데 빈그룹의 고급병원 브랜드인 빈맥(Vinmec), 국제학교인 빈스쿨(Vin School) 등이 함께 입주해 있다. 최근 하노이의 자럼(Gia Lam) 지역에 들어설 빈그룹의 저가형 주거브랜드인 빈시티(Vincity) 오션파크 단지 안에는 빈그룹의 첫 번째 종합대학인 빈유니 유니버시티(VinUni University)가 2020년 개교를 목표로 들어온다. 부동산 영역에서도 실로 도시 하나를 새로 개발해 모든 생태계를 자체적으로 구성하는 사업을 진행할 정도로 과감하다.

이런 빈그룹의 광폭행보에 우려를 보내는 시선도 많다. 베트남에서는 빈그룹이 러시아 마피아의 지원을 받는다는 소문도 들리고 있고 팜 회장의 정치적 영향력이 강해짐에 따라 그만큼 정치적 리스크도 커져가고 있다는 우려도 있다. 그러나 우리는 빈그룹이 움직이는 곳에 정부의 관심과 베트남 시장의 방향성이 있다는 데에 관심을 둬야 한다.

03

베트남의 증시,
황금알을 낳는 거위일까?

2017년 세계에서 가장 뜨거웠던 증시는 단연 베트남의 종합주가지수인 VN지수를 보면 알 수 있다. 종합주가지수가 연초 대비 50퍼센트가량 성장하며 금융위기 이후 조정기를 거치던 베트남의 화려한 부활을 알렸다. 국내 투자자의 관심도 높았다. 2017년 말 비과세 해외주식펀드의 일몰을 앞두고 베트남 펀드에 돈이 몰렸으며 이에 힘입어 한국투신운용, 미래에셋자산운용 같은 국내 종합자산운용사는 베트남 시장에서 이미 큰손으로 활동하고 있다. 투자자들은 이와 같은 베트남 열풍이 2007년부터 2009년까지의 데자뷰가 아니냐며 걱정의 목소리를 내기도 한다. 당시 국내에 베트남 펀드 가입 광풍이 불었고, 이후 글로벌 금융위기와 베트남 증시의 폭락 탓에

VN지수가 1200부터 200까지 급락한 일을 경험한 투자자의 트라우마가 고스란히 남아 있는 것이다. 하지만 전문가들의 의견은 당시 4조 원 규모이던 베트남 증시의 시가총액이 130조 원으로 늘어났으며 메크로나 환율, 외환보유고 등 대내외 요건이 당시보다 많이 상승했기에 2009년과는 다른 상황이라 입을 모은다. 다만 미국이 금리인상 사이클로 진입했고 환율의 변동성이 커질 수 있다는 점을 고려해 막연한 낙관론은 금물이라는 판단이다.

　베트남 주식시장은 우리나라의 국민연금 같은 공적 연기금 투자자가 부재한 상황에서 개인 대 기관의 비율이 8 대 2 정도로 구성돼 있다. 해외 투자자 지분 제한이 있는 주식도 많아 해외 투자자의 증시 참여 비율도 평균 25퍼센트 정도 이내다. 따라서 개인의 매매 패턴이 증시의 등락에 큰 영향을 미치며 개인은 매일 공시되는 기

신용거래 vs VN지수　　　　　　　　　　　　　출처: HSC Corp.

관과 외국인 매매에 민감하게 반응하는 양상을 보인다. 베트남 증권사 브로커리지에서 트레이더로 근무하는 지인에 따르면 베트남에서는 '외국인 매수/매도'가 거래의 주요 지표라고 할 정도로 내국인 투자자가 외국인의 수급에 예민하다. 앞의 그래프는 2015년부터 VN지수가 본격적으로 상승하는 데 개인의 신용매수도 큰 역할을 했음을 보여준다.

2017년의 여세를 몰아 2018년 연초에도 선진국과 디커플링(decoupling)하며 승승장구하던 베트남 증시에 제동이 걸린 건 4월 중 역사적 최고점을 11년 만에 경신하며 1200선을 넘은 이후부터다. 하반기 상장 대어였던 빈홈스(Vinhomes)와 테크콤뱅크(Techcom Bank)의 공모에 참가하려던 외국인과 기관의 대기물량이 출회되면서 개인들의 공포 심리를 자극했고, 특히 7월에 주식담보대출 규제로 마진콜이 일어나 베트남 증시는 25퍼센트 이상 조정을 겪었다.

VN지수와 외국인 누적순매수
주: 외국인 순매수는 2014년 이후 누적 기준
자료: 블룸버그, 한국투자증권

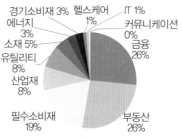

VN지수 업종별 시가총액 비중
주: 2018년 11월 9일 기준
자료: 블룸버그, 한국투자증권

수급 문제가 해소되면서 반등을 시도하던 베트남 증시는 미-중 무역 분쟁이 심화되고 미국이 금리인상 사이클에 진입했다는 우려 탓에 조정이 지속되고 있다.

하지만 싱가포르 국부펀드인 GIC와 우리나라 한화그룹의 빈그룹 투자 참여 그리고 SK의 마산그룹(Masan Group) 지분 참여 등 굵직한 대기업이 투자한 덕분에 지속적인 외국인 순매수가 유입된 점은 긍정적이라 하겠다. 베트남 증시는 통계적으로 S&P500과 동-달러 환율에 가장 민감하고 그 다음으로 원유 가격(Crude oil)의 변동성[20]에 민감하다. 수출의존도가 97퍼센트가 넘는 베트남 경제와 베트남의 최대 수출국인 미국의 소비 경기에 대한 민감도를 고려하면 이해가 되는 부분이다.[21] 최근 베트남의 견조한 거시 지표, 안정적인 환율을 고려할 때 지난 2018년 하반기 베트남 증시의 조정은 2017년의 가파른 상승을 상쇄하는 건강한 기간 조정으로 이해하는 것이 바람직하다. 베트남 시장의 평균 PE(수당순이익비율)는 본격적인 상승이 시작된 16년 이후 일반적으로 14배와 20배 사이에서 움직이고 있다. 블룸버그 기준 2018년 상장기업의 EPS(주당순이익) 증가율은 12~15퍼센트를 나타낼 것으로 보이며 평균 ROE(자기자본이익률)는 20퍼센트 수준이다. 글로벌 긴축 여부와 미국의 금리인상 속도에 베트남 증시도 많은 영향을 받겠지만 그럴수록 펀더멘털에

---

20) Vo Xuan Vinh, "An Empirical Investigation of Factors Affecting Stock Prices in Vietnam," Journal of Economics and Development(2014)
21) 민병규, 글로벌/ 베트남 투자전략- 준비된 국가에게 주어지는 활로(유안타증권)

집중해야 하는 시기라고 판단한다. 대외 경제환경의 변수가 많은 2019년에는 시총 상위 대기업 중심의 실적에 기반을 둔 투자가 유효할 것으로 판단한다.

04

베트남 부동산

베트남의 주거용 부동산 시장, 인구, 소득, 투자의 3박자

　사실 베트남은 1986년 '도이머이' 정책 이후 수차례 부동산 시장에 호황이 찾아왔었다. 가장 최근은 금융위기 이전인 2007년부터 2008년으로 고급 아파트와 빌라 시장에 광풍이 불었었다. 2003년에서 2007년 사이에 급격히 FDI가 늘고 주식 시장이 폭등해 투자자는 쉽게 큰돈을 벌었고, 큰돈을 번 사람들의 자금이 고급 주택 시장으로 옮겨갔다. 결국 글로벌 금융위기가 닥쳐 부동산 광풍은 큰 상흔을 남기고 가라앉았다.

　최근 베트남의 부동산 시장이 뜨겁다. 이미 호치민에는 2016년부터 A급 상업용 오피스의 공급 부족 상태가 지속되고 있으며 임대료도 꾸준히 오르고 있다. 2017년 한 해만 해도 아파트 판매량은 전년 대비 44퍼센트가 늘었다. 상업 건물의 임대료도 2018년 3분기 기준으로 전년대비 4퍼센트가 증가했다. JLL이나 사빌스(Savills) 같은 부동산 전문 컨설팅 업체는 베트남 대도시 부동산은 향후 수년간 연평균 약 8~10퍼센트의 견조한 상승을 지속할 것으로 예상하고 있다. 이처럼 베트남의 부동산이 호황을 맞고 있는 배경에는 1) 매년 6퍼센트 이상의 견조한 경제성장, 2) 꾸준히 유입되는 FDI와 비엣큐의 자금, 3) 개인 소득이 늘어나며 함께 늘어나는 가처분소득, 4) 베트남의 미래 경제 성장 전망에 대한 낙관 등이 있다. 이번 장에서는 간단하게 베트남의 주거 부동산이 현재 어떤 상황인지 점검해 보고 앞으로의 전망을 얘기해 보도록 하겠다.

일반적으로 부동산 시장을 얘기할 때, 크게 주거용, 상업용, 오피스, 산업용 등 네 가지로 분류한다. 지금 베트남의 주거용 부동산은 호황을 맞고 있다. 소득이 늘어나면서 핵가족화가 진행되고 있고, 독립한 젊은 인구는 서구형 주거 환경에 관심을 보이고 있다. 해외 투자자와 비엣큐의 적극적인 투자도 호황에 한몫을 한다. 최근에는 중국 투자자들도 베트남 부동산에 뭉칫돈을 투자하고 있다. 거주용 부동산의 공급 측면에서 보면, 베트남 정부는 2020년까지 현재 30퍼센트 중반의 도시화율을 40퍼센트 수준까지 올리기를 희망하고 있다. 베트남 정부는 2020년에는 도시 거주 인구가 약 3500만 명에 이를 것으로 예상한다. 이를 위해 베트남 정부는 매년 여의도 크기의 3.2배 정도(100제곱킬로미터)의 신규 주택 부지가 필요할 것으로 내다보고 있다. 따라서 정부는 주거 지역을 추가 개발해야 하기 때문에 부동산 개발사에게 더 많은 토지를 분양할 계획이다. 이와 더불어 과거에는 자금 조달을 은행에만 의존하던 부동산 개발사가 주식시장과 채권시장에서도 자금 조달에 성공하고 있다. 일예로 나는 부동산 개발회사가 단일 개발 건을 두고 자회사 SPC(Special Purpose Company, 특수목적회사)를 분리하고, 그 SPC가 전환사채를 발행한 다음 상장되면 주식으로 전환해 수익을 거두는 전략으로 자금을 모집하는 부동산 프로젝트도 검토한 경험이 있다. 금융 시장이 커지고 다양한 투자자가 참여하면서 부동산 개발 회사의 자금 조달 방식이 다양해지고 있다. 특히 최근에는 빈그룹의 부동산 개발 자회사인 빈홈스가 싱가포르투자청(GIC)로부터 1.5조 원 상당의 투자를 유치하면서 화제가 됐다.

거주용 부동산의 수요 측면을 보면, 2015년부터 여권과 비자를 소유한 외국인의 부동산 매입이 허용돼 해외 투자들의 관심이 뜨거워졌다. 베트남 통계청이 집계한 자료에 의하면 2017년 베트남 부동산에 총 약 3조 원의 외국자본이 유입됐다. 그러나 해외 투자자는 아파트 전체 분양물의 30퍼센트 이하만 소유할 수 있어 공급도 제한적이다. 즉, 신규 공급의 70퍼센트를 내국인과 비엣큐 투자자가 소화하고 있는 것이다. 내국인의 주거용 부동산 수요를 충족하기 위한 환경도 개선되고 있다. 2011년에 17퍼센트나 되던 모기지론의 이자율이 2017년에 7퍼센트대로 낮아짐에 따라 베트남 실수요자의 자금 조달에 부담이 줄어들었다. 글로벌 조사분석기관인 닐슨

(Nielson)에 따르면 베트남의 소비자신뢰지수(CCI)는 2018년 3분기 기준으로 세계 1위인 인도(130) 다음으로 높았다(129). 그만큼 베트남인이 자국의 경제에 대해 자신 있어 한다는 뜻이다. 앞에서 설명한 대로 베트남은 2030년에 중상층(MAC)이 4800만 명에 달할 것으로 예상되는 만큼 인구 구조 황금기로 접어들고 있다.

베트남의 주거용 부동산은 금융위기 이후 경제 회복기에 접어들며 고급 아파트의 수요가 늘었다. 국내 부유층, 해외 투자자, 비엣큐가 주요 고객이던 시장에서 소득이 늘어난 중산층이 주무대로 등장하는 시장에 진입하고 있다. 다음 그래프를 보면 주택 공급 측면에서도 호치민이나 하노이 모두 과거에는 프리미엄 주택이 성장을 견인했는데 최근은 중산층 또는 저소득층을 대상으로 하는 공급이 늘어나고 있는 것을 볼 수 있다. 반면 럭셔리와 프리미엄 주택시장의 성장은 완만해지고 있다.

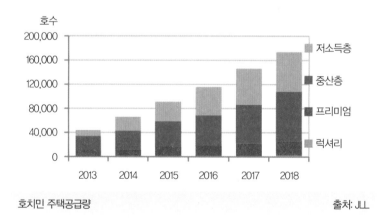

호치민 주택공급량   출처: JLL

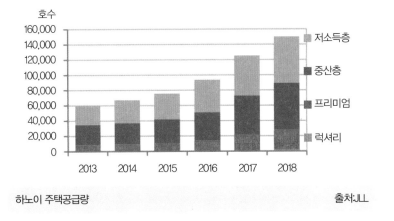

호수

앞에서 설명한 빈그룹의 부동산 개발 자회사인 빈홈스의 예를 들어 베트남의 변화하고 있는 주거용 부동산 시장을 조금 더 설명하고자 한다. 빈홈스는 호치민 시 1군과 타오디엔(Thao Dien) 지역 사이에 총 1조5000억 달러(약1698조 원)를 들여 1만 세대 규모의 프리미엄 주거 단지인 '빈홈 센트럴파크(Vinhomes Central Park)'를 조성했다. 병원과 국제학교, 81층짜리 랜드마크 건물과 뉴욕 센트럴파크를 본뜬 대규모 공원이 함께 들어섰다. 빈홈 센트럴파크는 프리미엄급 최대 단지로도 화제를 모았다. 하지만 빈그룹의 자신감과는 다르게 비교적 더디게 분양됐다. 프리미엄 주거 시장의 공급과잉 현상이 실제로 분양에 영향을 미친 것이다. 빈그룹은 이에 이상 기류를 느끼고 빠르게 중저가 아파트 분양 시장으로 방향을 전환했다. 골든리버(Golden River) 브랜드로 럭셔리 시장을 추가 공략하겠다는 전략을 바꿔 빈시티 브랜드를 런칭하고는 호치민의 9군에 3만 세대 규모의 대규모 중저가 아파트 단지를 개발 중에 있다. 또 빈홈스는 최근에 하노이에 중상층을 겨냥한 빈시티 스포티아(Vincity Spotia)라는 대규모 고급 아파트 단지를 개발하겠다고 발표했다.

과거 2007~2008년 부동산 광풍의 기억을 떠올리며 지금 주거용 부동산 시장의 호황이 거품이 아니냐는 얘기가 나오고 있다. 하지만 전문가들은 금융위기 전 일었던 부동산 거품과는 양상이 다르다고 말한다. 과거 금융위기 전과 비교해서 현재 거시경제의 성장이 견조하게 이루어지고 있다는 점과 지속적인 FDI 유입, 인프라 개선으로 부동산의 가격이 상승할 수 있는 환경이 조성되었다는 점이 그 이유다. 특히 빠르게 성장하고 있는 중산층이라는 실수요가 향후 주거용 부동산 시장을 끌어갈 힘으로 보고 있다. 나는 공급 과잉처럼 보이는 고급 주거 시장보다 중저가 아파트 시장이 더 매력이 있다고 판단하지만 결국 소득 증대에 따르는 실수요가 시장의 거품 여부를 결

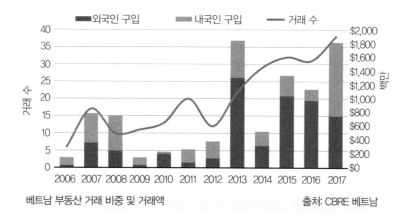

베트남 부동산 거래 비중 및 거래액　　　　　　출처: CBRE 베트남

정할 것이다. 다음 그림을 보면 베트남의 부동산 거래건수는 2012년부터 꾸준히 증가하였으며 2017년부터 내국인 부동산 수요의 비중이 크게 늘었다. 금융위기 후 회복기에 접어든 부동산시장은 해외 투자가들이 이끌었으나 최근 내국인 투자자의 내수수요가 외국인 투자자를 앞질렀다. 이 점에서 내국인의 투기 수요가 거품을 만든 2007~2008년의 데자뷰가 아닌가 하는 걱정이 드는 것도 사실이다. 베트남 거주용 부동산 시장을 얘기할 때는 소득 증대가 실수요로 이어져 시장의 선순환이 일어날지 꼭 확인해 봐야 한다.

오피스, 상업용 부동산, 땅과 인프라가 열쇠

베트남의 오피스 부동산은 현재 공급 부족 현상을 보이고 있다. 호치민에 지사장으로 발령 난 지인이 호치민 CBD(Central Business District: 중심업무지구)에서 오피스를 참 어렵게 구하는 것을 본 적이 있다. "CBD에 갈 만한 곳이 없으면 차도 있는데 좀 떨어진 곳에서 얻으시면 어떠냐"고 말씀을 드렸더니 아무래도 베트남에서 회사를 대표하는 지사이니 만큼 꼭 CBD 안에 있어야 한다고 하던 기억이 난다. 이건 비단 한국 기업만의 문제가 아니다. 베트남의 대도시에 진출하는 해외 글로벌 기업 대부분은 사무소를 CBD 지역 내 A급 오피스에 얻고자 한다. 대외적인 이미지와 상징적인 의미가 있음에도 임대료에 대한 민감도가 크지 않아 최근 진출하는 해외 기업은 호치민의 CBD 오피스를 매우 선호하고 있다. 하지만 일단 호치민과 하노이 같은 대도시의 CBD 지역 내에는 A급 오피스 빌딩으로 개발할 만한 땅이 부족하다. 지하철이나 고속도로 등 CBD로 진입하는 인프라가 부족해 위성도시의 발달이 늦어지고 있어 CBD 지역은 포화 상태가 되어가고 있다. 개발사들은 수요를 맞추려고 CBD 지역이라면 버려진 땅도 다시 보는 마음으로 샅샅이 뒤져 개발하고 있다. 전통적으로 호치민이 하노이보다 임대료가 높지만 최근에는 하노이도 공급이 부족해 임대료가 많이 상승하고 있다. CBRE는 이와 같은 공급 부족 현상 때문에 베트남의 오피스 임대료가 2018년부터 2020년 사이 평균적으로 2퍼센트 정도 상승할 것으로 예상하고 있다. 다만 임대료가 지속적으로 상승한다면 CBD 지역에 있는

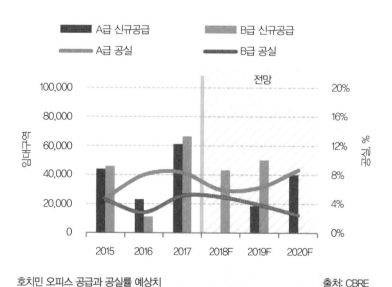

호치민 오피스 공급과 공실률 예상치   출처: CBRE

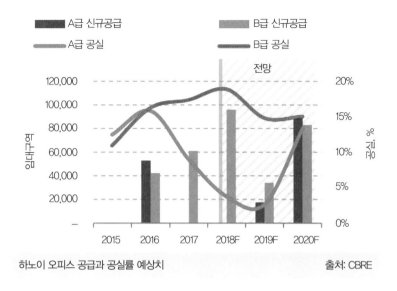

■ A급 신규공급	■ B급 신규공급
━ A급 공실	━ B급 공실

하노이 오피스 공급과 공실률 예상치　　　　　　출처: CBRE

IT나 물류 회사가 CBD 밖으로 이주할 가능성이 있어 대체 공급이 발생할 듯하다.

투자 대상으로서 오피스 빌딩을 살펴보자면 현재 상황은 매력적이나 향후 공급 일정을 파악해 수익성을 타진해 봐야 한다. 공급 부족 현상이 약 2년간 진행되면서 새로운 여러 프로젝트가 시작됐고, 특히 지하철이나 도시로 진입하는 도로를 현대화하는 작업이 진행됨에 따라 CBD에 집중돼 있는 오피스 수요가 분산될 가능성이 있다. CBRE가 향후 3년간 베트남의 오피스 시장을 예상한 그래프를 보면 2018년에 신규 공급이 부족해서 호지민이나 하노이 모두 2019년 오피스 부동산의 전망은 좋아 보인다. 하지만 예정돼 있는 신규 공급 파이프라인이 완료되면 공실률은 빠르게 늘 것으로 분석하고 있다.

베트남의 상업용 부동산은 향후 CBD 안과 밖으로 극명하게 차이가 날 것으로 보인다. CBD에 위치한 상업용 부동산은 역시 신규 공급이 제한돼 있어 공급 부족에 따른 프리미엄을 누릴 것으로 판단된다. 극히 제한적인 신규 공급량 때문에 높은 임대료에도 불구하고 CBD 지역 임차 수요는 여전히 높다. 특히 베트남으로 새롭게 진출하는 브랜드는 상품 노출을 늘리고 시장점유율 확보해야 하므로 플래그십 스토어를 전략적으로 대도시 중심부에 위치시키려한다. 그래서 CBD 내에 점포를 개설하기를 크게 선망하고 있다. CBD 밖의 상업 부동산을 전망하자면, 9군의 빈시티 같은 대규모 주거단지가 새로 조성돼 기존에 집중돼 있던 상권이 분산되는 효과가 발생할 것으로 보인다. 더욱이 베트남의 Z세대가 본격적으로 소비층으로 성장함에 따라 영화나 문화공연 등 엔터테인먼트 멀티플렉스와 다양한 레스토랑을 보유하고 있는 대형 쇼핑몰 같은 상업 부동산이 비교적으로 경쟁우위를 점할 것으로 보인다.

투티엠(Thu Thiem) 호치민의 푸동이 될 수 있을까?

호치민의 CBD(Central Business District, 경제중심지구) 지역인 1군을 가보면 굽어 흐르는 메콩강을 사이에 두고 강 건너에 거대한 푸른 택지가 보인다. 내가 호치민에 처음 갔을 때는 1군에는 건물이 빼곡히 들어섰지만 강 건너는 푸르른 임야 지대로 남아 있었다. 강

투티엠 전경   출처: 엔지니어링데일리

건너 땅을 보면서 1980년대 초 서울 강북에서 강남을 바라보는 기분이 이런 것이었을까 하는 기분이 들었다. 나중에 궁금해서 찾아보니 이 메콩강 건너 임야 지역을 투티엠이라고 부르며 오래전부터 베트남 정부가 중국 상하이의 푸동 지역을 벤치마크해 신도시 조성을 계획하고 있는 곳임을 알았다.

투티엠은 호치민 시의 심장부인 1군 지역과 메콩강을 사이에 두고 있는 2군 지역에 위치한 여의도공원 면적의 약 28배인 약 650만 제곱미터의 미개발택지를 일컫는다. 도시계획이라고는 찾아볼 수 없이 빼곡히 들어선 빌딩과 오래된 상가가 즐비한 강 건너 1군과 비교해 보면 드넓은 나대지에 나선형으로 계획된 도로만 보이는 투티엠은 하얀 캠버스 같은 느낌이다. 강 건너에는 1군의 CBD가 위치해 있고 위로는 호치민 시의 외국인 거주 밀집 지역인 타오티엔(Thao Thien)이 있다. 투티엠은 도시 개발과 건축의 문외한인 내가 보더라도 소위 '금싸라기' 땅임이 훤히 보인다. 투디엠은 사실 일반

투티엠 개발계획 도안 　　　　　　　　　　　　　출처: 호치민 시

미개발 임야 지대가 아니다. 1996년 호치민 시 정부가 동남아에서 가장 큰 규모의 국제금융복합도시를 짓겠다고 계획한 계획도시다. 상하이나 방콕 같은 모던메가시티(Modern Megacity)를 목표로 10년간 원주민 1만5000가정을 이주시켰으며 보상비용으로 약 1.5조 원를 지급했다. 현재는 약 99퍼센트의 부지가 정리되고 나선형 내부 순환도로가 완성된 상태다. 최근 1군으로 바로 진입할 수 있는 투티엠 터널이 완공되면서 투티엠 개발에 대한 기대감을 고조시키고 있다. 하지만 정부의 야심찬 계획에도 불구하고 투티엠 신도시 개발은 20년 넘게 여러 스캔들과 부정부패로 의심되는 개발계획의 잦은 수정 탓에 더딘 진행률을 보이고 있다.

먼저 1996년의 개발계획과 달리 구역이 추후 계속 수정되면서 최초 계획에 없던 약 100가정이 수용됨에 따라 해당 주민이 거세게 반발하는 일이 있었다. 응우옌 쑤언 푹(Nguyen Xuan Phuc) 총리는 이에 대해 전면적인 감사를 지시했고 최근 베트남 감사원은 개발 계획의 수정 배경과 부정부패 관련 집중 감사를 실시했다. 감사원의 발표에 따르면 원주민의 토지 수용 과정에서 잘못된 토지 구획 설정과 거주민 보상 미흡 등이 있었다는 문제가 적발됐고 이를 촉발한 수차례의 계획 수정 과정에 부정부패가 개입한 정황이 다수 포착됐다. 감사 결과에 따라 개발 전 선보상이 이뤄져야 하기 때문에 투티엠 지역 개발은 차질이 불가피할 것으로 보인다.

다음으로 부족한 인프라와 정책 인센티브도 더딘 개발의 원인으로 지목되고 있다. 마스터 계획이 1996년에 발표된 이후 20년이 넘도록 더디게 진행되고 있는 과정을 해외 투자자와 개발사가 불신하고 있다. 투티엠 지역의 잠재력과 기회에는 의심의 여지가 없으나 투자시계가 불명확해 그에 대한 불안감이 건설 회사나 개발 회사로 하여금 선뜻 인프라와 상업 지역 개발에 뛰어들 수 없게 하고 있다. 글로벌 부동산 컨설팅회사인 JLL에 따르면 현재 투티엠의 인프라 공정률은 핵심 지역, 외부, 내부를 나누어 보아도 모두 40퍼센트 미만인 것으로 보인다. 약 10년 만에 신도시 계획과 건설까지 완료된 상하이의 푸동 지역과 비교해 볼 때 참으로 답답한 진행 속도라 하겠다. 하지만 매년 15퍼센트씩 성장하고 있는 CBD 1군 지역은 거주, 상업, 교통 모두 포화상태에 이르고 있고 정부도 신도시 개발의 필요성을 깊게 공감하고 있어 투티엠 개발은 속도를 낼 것으로 보인다. 또, 교육, 병원, 상업 시설 등 다양한 인프라에 대한 투자 기회가 도시 개발이 진행되면서 함께 생길 것으로 보이므로 투티엠은 베트남을 기대하는 투자자가 관심을 가지고 지켜봐야 할 큰 기회라고 생각한다.

한국 기업으로는 롯데가 일본 미츠비시, 토시바와 합작해 에코 스마트시티 구역에 약 2조 원을 투자한다는 계획을 수립했으며 GS건설은 약 300세대의 고급 고층 아파트인 '투티엠자이'를 2019년에 착공, 건설해 선 임대 후 분양할 계획을 세우고 있다. 부동산 가격이 상승하리란 기대가 있어 분양보다 임대 후 분양을 선택한 것으로 보인다. 현재 투티엠 지역의 토지는 15퍼센트 이하의 토지만 경매 낙찰이 결정되지 않아 그 희소성이 높아지고 있으며 해외 투자자가 현지 개발사와 합작으로 주거, 교육, 상업시설 등 다양한 개발을 진행 중에 있다. 호치민의 투티엠이 상해 푸동의 뒤를 이을 수 있을까? 생각보다 더디게 진행되겠지만 기대가 크다.

05

소비에서 시장으로,
베트남 관광업

    베트남 경제에서 가장 빠르게 성장하고 있는 산업 분야는 사실 관광 산업이다. 우리나라에서도 휴가철이 되면 다낭, 호이안, 나뜨랑으로 많은 관광객이 여행을 떠난다. 최근 베트남에 대한 관심이 높아지면서 부쩍 많은 사람들이 가족여행지로 베트남을 선택하고 있다. 베트남은 사계절 내내 따뜻한 기후적 환경과 긴 해안선을 낀 아름다운 해변 등 천연자원을 장점을 가지고 있으며 최근 경제가 발전하며 국제사회의 호감도가 높아지면서 베트남을 방문하는 외국 관광객이 빠른 속도로 늘고 있다. 2017년 베트남의 외국인 방문자수는 1292만 명을 기록해 2016년과 비교하면 약 30퍼센트가 증가했다. 가히 폭발적인 증가세가 아닐 수 없다. 2018년도 7월말 기준

국가별 베트남 방문자수

순위	국가	2015	2016	2017	2018.7
1	중국	1,780,918	2,696,848	4,008,253	2,973,350
2	한국	1,112,978	1,543,883	2,415,245	1,966,000
3	일본	671,379	740,592	798,119	464,379
4	미국	491,379	552,644	614,117	433,492
5	대만	438,704	507,301	616,232	405,206
6	러시아	338,84	433,987	574,164	373,160

출처: 베트남 관광청

으로 이미 800만 명이 베트남을 방문했으므로 2018년 통계가 나오면 더 놀라운 수치가 나올 것으로 예상된다. 2020년까지 1500만 명을 목표로 한 베트남 정부의 계획은 상향 수정이 불가피할 전망이다. 베트남에 가장 많은 관광객을 보내고 있는 나라는 중국이다. 그 뒤를 빠른 속도로 우리나라가 뒤따르고 있다. 합계로 보면 한, 중, 일 3국의 관광객이 50퍼센트 이상을 차지하고 있다.

베트남은 2000년대 이후 다낭, 나뜨랑, 푸꾸옥 등의 관광지에 본격적으로 호텔과 리조트를 개발했다. 이에 따라 베트남을 방문한 외국인이 관광까지 즐기게 돼 베트남의 관광 산업은 본격적으로 발전하기 시작하였다. 특히 2000년대 중반부터 저가 항공사(LCC, Low Cost Carrier)가 활성화돼 다양한 중소 도시까지도 직항노선이 연결됨에 따라 해외 관광객이 휴양지, 도시관광 등 선호에 맞춰 자

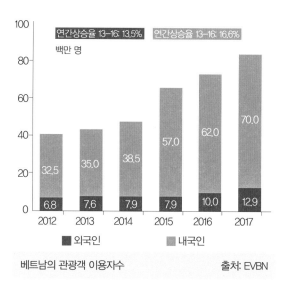

연간상승율 13-16: 13.5% 연간상승율 13-16: 16.6%

백만 명

	2012	2013	2014	2015	2016	2017
내국인	32.5	35.0	38.5	57.0	62.0	70.0
외국인	6.8	7.6	7.9	7.9	10.0	12.9

■ 외국인   ■ 내국인

베트남의 관광객 이용자수   출처: EVBN

유여행을 하기 시작했다.

여기에 베트남 정부가 여러 나라와 맺은 무비자 협약도 관광 산업 증진에 큰 역할을 했다. 현재 우리나라를 포함 14일 이상 무비자로 베트남에 체류할 수 있는 국가는 모두 24개국이다. 여기에 인프라 투자도 강화하고 있다. 베트남 정부는 하노이 노이바이 공항에 제2청사를 짓고 2030년까지 호치민의 탄 손 낫 공항을 확장할 계획을 가지고 있다. 관광지와 연결하는 고속도로와 철도 공사도 공격적으로 진행 중에 있다. 많은 FDI 자금이 베트남의 관광도시에 있는 호텔과 리조트로 유입되면서 해외 고급 호텔과 리조트 브랜드가 베트남에 진출하고 있다.

매년 큰 폭으로 증가하는 해외 여행객보다 더 놀라운 것은 국내 관광객의 증가다. 다음 표를 보면 베트남의 국내 관광객은 2013년부터 2016년 사이 연평균 16.6퍼센트가 증가하였다. 동기간 해외 관광객 증가율인 13.5퍼센트를 웃도는 숫자다. 소득이 늘고 비엣젯 같은 저가형 항공사가 성장하자 베트남의 내국인 관광이 빠른 속도로 증가하고 있는 것이다.

안타까운 점은 이처럼 해외 관광객과 내국인 관광객이 빠르게 증가하고 있는 상황에서 우리는 아직도 베트남 관광을 소비하기만 한다는 것이다. 베트남 관광 산업에 대한 우리 기업의 진출은 미진하다. 2013년부터 롯데호텔이 호치민에서 운영되고 있으며 호텔신라가 2018년 하반기를 목표로 다낭에 '신라스테이'을 건축하고 있는 것을 제외하고는 대기업의 공격적인 투자가 보이지 않는다. 나는 개인적으로 관광 산업의 컨텐츠가 한 국가 내에 머물러 있을 필요는 없다고 생각한다. 우리나라 관광객이 일본에 가서 미국의 블루바틀(Blue Bottle) 커피 매장에 줄을 서고 있으며, 홍콩에 가서 우리나라에 들어오지 않은 해외 브랜드를 목록까지 만들어 쇼핑한다. 마찬가지로 중국, 일본, 미국, 대만 관광객이나 베트남 관광객이 꼭 한국에 와서 한류 문화와 한국 음식 같은 한국 관광 자원을 소비하라는 법은 없다. 베트남을 방문하는 관광객에게 즐거운 한류 문화와 한국 음식을 소개하는 것은 인바운드 관광에서 아웃바운드 관광 산업으로 한걸음 더 나아가는 사업이 될 것이다. 다낭과 호이안에 K뷰티, K푸드 상권이 만들어지는 날을 기대해 본다.

06

베트남은 현재
스타트업의 전성시대

이 글을 읽는 독자에게는 의외일 수 있으나 지금 베트남은 스타트업 전성시대다. 소위 유티콘(Unicorn) 기업이 나올 만한 요건이 빠른 속도로 조성되고 있다. 정부가 노력하고 있고 베트남 경제를 밝게 예상하는 청사진이 나와 스타트업에 대한 관심이 높아지고 있는 것이다.

베트남에서 스타트업 생태계가 조성된 시기는 3년 전부터다. 여기서 스타트업 생태계라 함은 우수한 통신 인프라, 인터넷, IT 기술과 교육을 말한다. 나는 유니콘 기업이 나올 수 있는 시장의 조건을 크게 다섯 가지 정도로 보고 있다.

첫째는 우수한 창업자가 나올 수 있는 제반 환경이다. 1세대 스타트업이 본진의 진영을 이제 정비하고 해외로 진출하려 하고 있다. 베트남의 1세대 스타트업을 이끈 건 해외에서 자라거나 교육받은 비엣큐였다. 해외에서 받은 교육과 글로벌 기업에서 쌓은 경험을 토대로 베트남과 서양의 문화 차이를 이해하면서 영어 능력까지 갖춘 1세대 비엣큐 창업자는 그동안 스타트업의 불모지던 베트남에 해외 유수의 벤처캐피탈(VC) 투자를 불러들였다. 어쩌면 이는 당연할지 모른다. 해외 VC 입장에서는 베트남 시장의 성장성은 이해하고 공감할지는 모르겠지만 그들의 언어로 사업을 기획하거나 설명해 줄 수 있는(예를 들어 시리즈 A, B 등으로 이루어지는 자금의 유치 과정, 회계의 투명성, 비즈니스 모델의 합리성) 사람이 없었다. 이때 비엣큐가 등장해 큰 진입장벽을 없애주었다. 팝스 월드와이드(POPS Worldwide)는 베트남의 디지털 컨텐츠 스타트업인데 에스더 응구엔(Esther Ngueyn)이라는 베트남 2세 여성 미국인이 창업했다. 현재 90퍼센트의 베트남 음악 컨텐츠를 보유하고 있으며 노출 수만 월평균 12억 뷰에 달한다. 최근 미국의 워너브라더스의 자회사인 터너뮤직으로부터 투자를 받으며 화제를 모았다.

베트남에서 유니콘이 가능한 두 번째 시장 조건은 인큐베이팅, 엑셀러레이터, 벤처캐피탈로 이어지는 다양한 자본의 등장이다. 창업 초기에는 FPT나 비엣텔(Viettel) 등 베트남의 굵직한 IT 기업이 자금을 공급하고 있으며 시리즈 단계에서는 싱가포르나 홍콩계 VC가 투자하고 있다. 이처럼 스타트업의 성장 주기에 맞춰 다양한 자본이 등장해주면서 베트남 스타트업들이 원하는 사업모델을 이끌

베트남 스타트업 생태계　　　　　　　　　　　출처: 사이공 이노베이션 허브

어 가는 데 큰 힘이 돼주고 있다.

　베트남에서 유니콘이 태어날 수 있는 세 번째 시장 환경은 지역 내 기타 국가에 비해 저렴한 인건비로 우수한 인력을 조달할 수 있다는 점이다. 베트남의 문맹률은 1퍼센트 수준이며 앞서 살펴본 대로 매년 4만 명의 IT 인력이 취업 시장으로 공급되고 있다. 또 FPT 같은 IT 소프트웨어 BPO들이 오랜 기간 성장하면서 우수하고 경험 있는 IT 인력을 많이 배출했다. 특히, 기본 IT 인력의 인건비가 월 40만~50만 원 수준이어서 인건비 부담도 적다.

　유니콘을 만드는 네 번째 시장 환경은 지역 유니콘으로서의 확장성이다. 동남아시아는 경제적, 지리적으로 많은 부분이 비슷하다. 오토바이가 주요 교통수단이고 경제적으로 성장이 가파른 프론티어 또는 개발도상국 국가들이며 많은 인구와 풍부한 인적자원 그리고 중산층이 빠른 성장으로 소비 시장으로서의 진화를 눈앞에 두고 있다. 따라서 동남아시아의 한 나라에서 성공한 스타트업이 다른 나라에 그 사업모델을 적용했을 때 주요한 경우가 많다. 가장 적절한 예가 최근 동남아시아 스타트업 유니콘으로 각광받고 있는 그랩이 있다. 말레이시아에서 처음 창업된 그랩은 이제는 동남아시아 전 지역을 커버하는 모빌리티 서비스플랫폼으로 성장했다. 그랩은 현재 동남아시아 132개 도시에서 사업을 영위하고 있다. 2015년에 인도네시아에서 시작된 O2O플랫폼인 고젝(Go-Jek)은 음식배달, 예매, 공유 택시, 물류 등 18개의 주문형 서비스(on-demand service)를 제공한다. 고젝은 1000만 건이 넘는 다운로드를 기록 중에 있으며 현재 5000억 원 이상을 투자해 베트남, 태국, 필리핀으로 진출하려는 계획을 갖고 있다. 이처럼 동남아시아의 한 나라에서 성공한 플랫폼 사업은 다른 동남아 국가에서도 성공할 확률이 높다. 투자자들도 투자 결정을 할 때 이런 확장성을 높게 산다. 따라서 스타트업으로서는 비교적 저렴한 인건비, 젊고 풍부한 우수한 인력, 높은 경제성장이 있는 베트남이 더할 나위 없이 좋은 시험의 장이다. 이런 비교 우위 환경이 조성되다 보니 미국이나 유럽 선진국의 젊은 인력이 베트남으로 들어와 스타트업을 창업하는 사례가 늘고 있다. 나도 최근 두 건의 베트남 스타트업을 투자 대상으로 검토한 경험이 있는데 두 회사 모두 베트남인이 아닌 서양(미국, 프랑스) 출신이 창업했고 베트남만이 아닌 동남아시아 전체로 사업을 키우고자 하는 그림을 창업 초기부터 그리는 공통점이 있었다. 이러한 확장성(scalability)은 글로벌 VC의 입맛에는 더할 나위 없이 좋다.

베트남 스타트업이 유니콘이 될 수 있는 마지막 시장 환경은 다양한 출구(투자금 환수)가 있다는 점이다. 먼저 가장 흔한 출구 전략인 IPO는 베트남 금융 시장이 성장하며 그 길이 열리고 있다. 베트남에서 5000만 명이 사용하는 국민 메신저인 잘로를 개발한 베트남의 1호 테크 유니콘 VNG는 나스닥 상장을 준비하고 있다. 비단 IPO가 아니더라도 베트남 스타트업은 이미 다양한 방식으로 투자금을 환수하고 있다. 베트남의 엑셀러레이터(신생 스타트업을 발굴해 업무 공간 마련 및 마케팅, 홍보 등 비핵심 업무를 지원하는 역할을 하는 단체)인 토피카파운더연구소(TOPICA Founder Institute)에 따르면 2017년 한 해만 하더라도 8개의 스타트업이 인수를 통해 투자금을 환수했으며 총 금액은 약 1400억 원에 달한다. 베트남 스타트업을 인수하는 주체는 동남아시아 지역 내의 유니콘 기업이 많다. 참고로 게임 개발 업체인 싱가폴의 시그룹(Sea Group)은 2017 한 해만 3건, 120억 원 상당의 스타트업 인수 거래를 했다. 그중 베트남의 대표적 맛집 정보 공유 및 배달 중개 플랫폼인 Foody.vn도 포함돼 있다. 중국의 알리바바는 2016년 베트남 1위 전자상거래 업체 라자다(Lazada)를 인수한 뒤 2017년에도 추가로 투자하고 있다. 이처럼 베트남의 스타트업 시장은 투자자가 출구 전략을 짤 수 있는 제반 여건이 훌륭하게 조성돼 있어 해외 투자자의 관심이 더 높아지고 있는 선순환에 들어섰다.

위와 같은 환경 덕분에 2017년 1분기만 해도 4만 개의 스타트업이 베트남 시장에 도전장을 내밀었으며 2017년 전체를 보면 92개의 스타트업에 3000억 원 이상이 투자됐다. 베트남의 스타트업은 크게 기술 기반 IT 기업이 3분의 1 정도이고 나머지가 컨슈머 시장을 타 깃으로 삼고 있다. 훌륭한 거시적 환경과 우수하고 저렴한 인력, 동 남아시아 지역으로의 확장성까지 베트남 스타트업을 눈여겨봐야 할 이유는 정말 많다.

07

베트남 인수합병,
힘들어도 가야 한다

인수합병의 어려움

공장으로서의 베트남이 제조업 중심의 그린필드(greenfield)[22] 투자였다면 시장으로서의 베트남이 중요해짐에 따라 현지기업에 지분 투자하거나 인수합병(M&A)으로 투자하는 방식에 관심이 높아지고 있다. 국내 기업이 생산기지 위주로 투자하다 보니 우리나라는 베트남 외국인 직접 투자 1위 국가임에도 불구하고 베트남 인수합병 시장에서는 일본, 태국이나 싱가포르에 비교해 거래 규모나 양에서 모두 아직 많은 성과를 내지 못하고 있다. 그러나 최근 CJ대한통운이 총 1000억 원의 자금으로 제마뎁(Gemadept)의 물류, 해운

22) 베트남 현지에 생산시설이나 법인설립을 통해 직접 투자하는 방식

부문을 인수하고 신한 베트남 은행은 호주 ANZ은행 소매금융 사업 부문을 인수하는 등 한국 기업이 사업 인수를 통해 적극적으로 현지에 진출하고 있어 주목된다. 한화의 빈그룹, SK의 마산그룹 지분 투자 같은, 베트남 대기업에 대한 전략적 지분 투자도 기지개를 펴고 있다.

  태국의 맥주회사 타이베브(ThaiBev)가 베트남 '국민 맥주'인 사베코(Sabeco, Saigon Beer Alcohol and Beverage Corporation)의 지분 54퍼센트를 5.5조 원(49억 달러)에 인수한 메가딜을 포함, 2017년 베트남 총 인수합병 시장 규모는 약 15조 원이었으며, 2018년 7월 기준으로 약 4조 원 정도의 인수합병 거래가 성사됐다. 2018년 전체로 보면 아무래도 주식 시장이 조정기로 들어선 영향을 받아 2017년에 비해 총 거래 규모가 소폭 감소할 것으로 예상된다. 그러나 한국 기업이 베트남 시장에 진출하려는 목적으로 인수합병하려는 수요나 관심은 매우 높아서 2019년 한국 기업의 대 베트남 투자는 더 활기를 띨

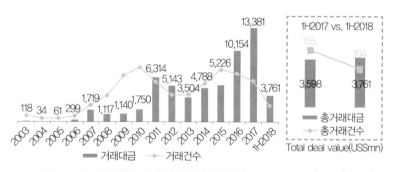

베트남 인수합병 거래금액 & 거래건 2003년부터 2018년반기   출처: StoxPlus

것으로 판단된다.

투자자가 베트남에서 인수합병을 하다가 겪는 대표적인 어려움은 1) 법적·제도적 장치의 미비, 2) 적정 가격의 산정, 3) 대주주 지위 또는 지배력 확보의 어려움, 4) 회사 정보의 투명성, 5) 거래 상대방에 대한 불신 등이라 할 수 있다. 먼저 베트남 법률체계가 부족하고 법원에 대한 불신이 커서, 투자자가 보호받을 받을 수 있는 충분한 보호 장치가 없다는 불안감이 크다. 또, 베트남의 성장 스토리를 우리나라뿐 아니라 전 세계 투자자가 주목하고 있다는 문제점이 있다. 베트남 인수합병 시장은 현재 완전한 '매도자 중심 시장(Seller's Market)'이다. 부르는 게 값이라는 말이 나올 정도로 전도유망한 기업은 지분 가치에 비해 높은 가격을 요구한다.

베트남 기업에 투자할 때 대주주의 지위나 지분에 응당한 지배력을 확보하기 어려운 점도 장애물이 되고 있다. 베트남에서 투자를 하다 보면 전통산업, 가족 중심 중소기업은 지분 전체를 매각하려는 의지가 있으나, 성장이 눈에 보이는 소비산업 등을 영위하는 기업은 한국 기업으로부터 전략적 투자를 받으려고는 하나 대주주 지위나 이사회 임명권 같은 기업의 지배력을 양보하고 싶어 하지 않아 투자 기업 입장에서는 난감할 때가 종종 있다.

투자 실사를 할 때 회사가 제공하는 정보가 투명하지 못한 점도 투자자 입장에서는 어려운 문제다. 일반적으로 베트남의 비상장 개인, 가족 소유의 기업은 회계의 불투명성으로 인한 리스크가 매우 크다. 한마디로 투자 대상 기업의 '회계장부'를 믿을 수 없다. 마지막으로 거래 자체가 진행 도중 피투자 기업이나 대주주의 변심으로 틀어지는 경우가 많아 투자 자체를 시작해야 하는지를 담당자가 우려한다.

이와 같이 베트남 기업의 인수합병은 다양한 리스크를 분석, 관리해야 하므로 난이도가 매우 높은 투자다. 그렇다고 베트남 투자를 안 할 수도 없으니 실무자로서 고민이 커져만 간다고 푸념을 늘어놓으시던 한 대기업 임원의 말씀이 생각난다. 그러면 이와 같은 리스크를 관리하면서 베트남 인수합병 투자에서 좋은 성과를 올릴 수 있는 방법은 뭐가 있는지 고민해 보도록 하자.

인수합병의 노하우

먼저 모든 사업이 그렇겠지만 파트너와 관계를 맺을 때는 윈-윈 (Win-Win)하고 이해관계의 일치(Alignment of interest)시키겠다는 자세가 꼭 필요하다. 한국 기업은 베트남 기업 입장에서 한국의 전략적 투자자를 유치하면 어떤 이득을 얻을 수 있을지에 집중해 인수합병 전체를 기획하고 진행해야 한다. 구체적으로 도출된 '윈-윈' 로드맵을 보여주면 콧대 높은 베트남 기업도 호의적으로 나올 것이다. 가격을 산정할 때는 문화적 차이를 인정하고 접근해야 한다. 결국 가격 차이라는 것이 미래 가치에 대한 관점의 차이에서 발생하는 경우가 많아 '체면'을 중시하는 베트남인에게 논리적으로 접근해 하나하나 가정을 반박하는 방법은 최선이 아니다. 가능한 매도자가 생각하는 가치를 이해하려고 노력하고 그 미래 가치를 만들려면 투자자가 어떤 역할을 해야 하는지 강조하는 편이 효과적이다. 앞에서 언급한 대로 베트남인은 한국을 좋은 '선생님'이라고 생각한다. 한국 기업의 성공에서 많은 것을 배우고 싶어 하는 마음은 당연하다. 따라서 투자에서 시너지가 발생하는지, 그리고 그것을 이루는 데 합리적인 장치들(임원 임명권 등에 대한 지배력)이 왜 필요한지를 이해시키는 과정이 반드시 선행돼야 한다. 상호 간 가격에 대한 의견이 좁혀지지 않는다면 이해관계를 일치시킬 수 있는 가격 결정 구조도 고민해 볼 수 있다. 나는 대주주와 회사의 가치 산정에 차이가 있었음에도 언아웃(Earn-out)[23] 방식으로 투자를 진행했고 다행히 다음해에 회사 실적이 대주주의 가정보다 잘 나온 덕분에 대주주가 원하던 가격을 기쁜 마음(?)으로 지급한 경험이 있다.

법적·회계적인 리스크를 관리하려면 자문사를 적극 활용해야 한다. 현지 자문사는 법률, 회계 등 다양한 자문서비스를 제공하고 낯선 환경에 진출하는 투자자에게 든든한 우군이 되어주고 있다. KPMG의 통계를 보면 베트남은 투자비용에 비해 외부 자문비용의 비중이 크다. 투자금 대비 2~3퍼센트 정도를 지불하는 것이 일반적인데 베트남 투자 건은 4~5퍼센트까지 비율이 올라가는 경우가 많다. 그만큼 자문사를 통해 점검해 봐야 하는 이슈가 많다는 뜻으로 이해하면 되겠다. 글로벌 투자자가 베트남에 투자할 때는 법

---

23) 인수합병 거래 시 가격산정 기법의 하나로 매매대금의 일부를 대상 회사의 성과에 연동해 추가 지급하고 성과가 목표치에 미달하면 지급하지 않거나 가격을 조정하는 매매대금 결정/지급 방식

률, 회계자문과 더불어 CDD(Commercial Due Diligence, 상업 부문 실사)를 함께 진행하는 경우가 많다. 산업, 또는 시장 환경, 성장 추세 및 전망, 경쟁 분석 등의 정보를 제공하는 실사를 추가적으로 실시하는 것이다. 시장 규모나 경쟁 상황 등 시장 정보를 습득하기 어려운 점이 중요한 이유일 것이다. 거래 상대방에 대한 평판 조회도 필수다. 한 번은 투자자가 검토를 요청한 베트남 투자 건이 있었는데 베트남 업계 지인을 통해 알아 보니 대주주가 횡령과 주가조작 혐의로 조사받고 있다는 소문이 있었다. 이처럼 베트남에 투자할 때는 로컬 자문사와 네트워크를 적극적으로 활용해 돌다리도 두드려 보고 건넌다는 심정으로 꼼꼼하게 검토해야 한다. 자문료 아끼려다 큰 손해를 보는 경우가 나와서는 안 되겠다.

앞에서 얘기한 대로 '시장으로서의 베트남'이 될 가능성이 커져 간다. 한국 기업이 현지에 진출하는 중요한 전략으로서, 현지 기업에 대한 인수합병이 활발해질 것으로 보인다. 글로벌 투자자의 관심이 높아짐에 따라 베트남 시장에서의 경쟁은 날로 치열해지고 있지만 적극적으로 관심을 가지고 기회를 찾는다면 우리 기업에게도 좋은 결과가 있으리라 믿는다.

08

베트남의 3無,
위험요소이자 기회

법적 보호 시스템의 부재

이번 장은 기회와 약속의 땅이라는 베트남에 부족한 세 가지를 가지고 위험 요소와 가능성을 살펴보도록 하겠다.

베트남의 3무(無) 그 첫 번째는 '법적 보호시스템'이다. 높은 성장을 누리며 세계 투자자의 관심을 끌고 있음에도 베트남 투자에 대해서 얘기할 때면 꼭 나오는 단어가 있다. "Lack of legal protection", 바로 법적 보호 시스템의 부재다. 많은 개발도상국의 투자가 그렇겠지만 빠르게 성장하는 경제 환경에 비해 법적·제도적 보호 장치가 미비한 것이 현실이다. 베트남은 공산주의국가지만 민법과 상법으로 계약의 법적 요소를 합법화해 놓고 있다. 베트남 투자건을 진행하다 보면 베트남법을 준거법으로 삼아 베트남어로 작성한 계약서를 한국어로 번역해 다시 검토하고 거기에 한국어로 수정해 다시 베트남어로 전달하는 과정을 수없이 반복하는 경우가 허다하다. 베트남 투자건을 많이 검토하는 국내 로펌의 베트남 지사 변호사도 이 부분을 '비효율의 끝판왕'이라고 할 정도다. 베트남 상대방과 계약할 때면 이런 번거로운 일이 한두 가지가 아니다.

하지만 이런 언어가 달라서 발생하는 불편함보다, 내가 변호사로서 겪은 더 어려운 일은 과연 이 계약이 유사 시 나의 투자를 보호해 줄 수 있느냐고 질문한다면 '그렇다'고 대답하기 힘들다는 점이다. 베트남에는 앞에서 말한 대로 투자자를 보호하는 다양한 법이 존재한다. 하지만 상법에 의거한 계약이라도 결국 베트남 법원에서 세부 조항을 어떻게 판결했는가에 따라 달라진다. 그 판례를 추후에 작성하는 계약에 반영해 법적인 강제성을 높이는 과정을 거쳐야 한다. 하지만 안타깝게도 베트남 법원은 판결을 공개하지 않는다. 우리나라처럼 판결문을 볼 수 있는 법원 인프라가 없기도 하지만 법원 자체에서 판례를 공개하지 않기 때문에 당사자가 아니면 법리나 판결을 이해할 수 없다. 처음에 이 사실을 듣고 정말 놀라서 베트남 현지 법무법인 몇 군데를 만나 물어봤지만 사실이었다. 현지에서 만난 한 한국인 회계사 분의 사례를 보고 실제적으로 이 문제가 얼마나 심각한 이슈인지 짚어보겠다.

2007~2008년 베트남 부동산 광풍이 불었을 때 한국 중소형 개발사가 호기롭게 베트남에 진출했다. 대부분 로컬 개발사와 합자법인

(Joint Venture, JV)를 설립한다든지 프로젝트 펀드를 구성해 계약으로 그 권한을 정하는 구조로 투자했었다. 계약할 때만해도 거래 상대방은 높은 신용도와 풍부한 현금, 담보 자산을 가지고 있었으나 글로벌 금융위기가 닥치자 실물 자산의 가치가 급격히 하락하고 믿고 있던 은행도 줄도산을 하니 결국은 계약서에 의거해 자산을 회수하는 방법밖에 안 남았다. 문제는 여기서 일어났다. 계약서를 근거로 거래 상대방에게 민사소송을 해도 베트남 법원은 묵묵부답 또는 판결을 하더라도 수년이 걸렸으며 판결에 대한 법적 권리를 집행하려 해도 법원이 명령을 내려주지 않고 세월만 흘러 아직도 그때 당시의 소송이 계류되어 있는 건이 꽤 있다고 하셨다. 한마디로 투자자를 위한 법적 보호 장치가 부재한 경우라는 것이다. 덧없이 흐르는 세월에 투자자는 막대한 피해를 봤으며 적절히 담보권을 행사하지 못하므로 처음에는 안전한 투자로 여겼더라도 시기가 지나면 자산 가치가 의미가 없게 되는 경우도 많았다고 한다.

이처럼 베트남에는 높은 수준의 법적 리스크가 존재한다. 모든 계약서를 작성할 때는 준거법과 준거 법원을 명시하게 돼 있다. 물론 계약의 상대방이 베트남 기업이거나 개인일 경우에는 베트남법과 베트남 법원을 준거법과 준거 법원으로 하자고 요구할 것이다. 베트남의 법적 리스크를 최소화하는 방법은 중재조항을 넣어서 홍콩이나 싱가포르 등 비교적 법적 시스템이 잘 갖추어진 선진국에서 법리를 따져보는 것이다. 하지만 최근처럼 추세가 매도자 우위의 시장일 때는 이조차 협상이 어렵다. 더욱이 베트남 계약 상대방이

백 번 양보해 중재조항을 넣는다 해도 승소 후 최종 담보권 같은 법적 권한을 집행하려면 자산이 있는 베트남 법원에서 허락해 주어야 한다. 현재의 미개한 법률시스템상 그 보호책이 얼마나 효과가 있을지는 의문이다. 베트남 기업에 투자한 한국 투자가가 이 리스크의 심각성을 인지하지 못하는 경우가 많다. 혹은 알아도 어쩔 수 없어서 지나간 경우도 많다. 법은 위기 시 나와 자산을 지키는 최후의 수단이다. 경기가 호황이고 좋은 시기에는 이 리스크가 커 보이지 않을지 몰라도 2008년 금융위기 때처럼 베트남 시장이 맥없이 무너지면 결국 나에게 쏜 화살이 돼 돌아올 것이다.

그러면 그럼 이 부분을 어떻게 해결하는 것이 좋을까? 나도 이제 경력과 경험이 꽤 되는 미국 변호사지만 쉽게 대답하기는 어렵다. 그래도 내가 실무에서 최대한 활용하는 전략을 공유하자면, 최상위 자산(회사는 담보주식, 또는 계약상 거래 상대방의 주식)이 선진국에 있는 투자처를 선택하라는 것이다. 내가 투자한 베트남 투자 건은 모두 법인의 최종 지주사가 미국 또는 싱가포르, 브리티시버진아일렌드(BVI) 등 법적인 보호 장치가 효력을 발휘할 수 있는 곳에 위치하고 있었다. 쉽게 말하자면 상대방이 계약을 위반해서 법적으로 승소하면 내 재산을 보호받을 수 있는 지역에 최상위 회사가 설립돼 있었다. 하지만 현실상 이런 투자 건만 찾을 수는 없다. 차선으로는 상장회사라면 그래도 상장주식의 담보권 설정을 증권회사를 통해 거래소에서 팔 수 있으므로 법적인 보호 장치가 있다고 볼 수 있다. 마지막은 소위 대마불사(大馬不死) 전략이다. 큰 회사일수록 나와 맺는 계약이 회사의 미치는 영향이 적을 것이다. 결국 나와의 신용을 어겨 더 큰 것을 잃을 수 있는 거래 상대라면 최악의 상황으로 갈 가능성이 크지 않다는 것이다. 한 번은 세미나에서 베트남에 투자한 기관의 한 투자자분이 "법원의 전관이 있는 좋은 로펌을 쓰면 되지 않느냐?"라고 물어본 적이 있다. 내가 "전관이야 말로 로컬의 정보와 네트워크 영역인데 과연 해외 투자자가 넘을 수 있겠는가?"라고 되물었더니 고개를 끄떡이던 기억이 난다. 법적 리스크 문제는 베트남 투자에게 참 어려운 문제이며 하루 빨리 베트남 정부가 해결해 나갔으면 하는 문제다.

공적자금

베트남의 3무 중 두 번째는 '공적자금'이다. 앞에서 살펴본 바대로 베트남은 국민소득이 상승해 ODA 지원 국가의 지위를 잃었다. 그 때문에 빠르게 성장하는 베트남 경제를 지원 사격할 인프라와 사회 제반시설을 확충할 재원이 부족하게 됐다. 공기업을 빨리 민영화해 재원을 확충할 수도 있으나 그 또한 여의치 않다. 따라서 베트남 정부는 정부가 제공해야 하는 많은 공공 서비스 부문을 제도 개선을 통해 민간에 넘기려 하고 있다. 정부의 능력이 닿지 못하지만 민간의 참여로 개선할 수 있는 곳은 규제를 하지 않거나 완화해 민간의 참여를 유도하는 방향을 택하고 있다.

나는 '그랩'과 같은 공유 차량 제도를 그대로 놔두는 것이 그 좋은 예라고 생각한다. '그랩'의 기사들은 한마디로 무면허 택시기사다. 하지만 베트남 대도시의 늘어나는 교통 체증과 한정된 택시 공급, 지하철과 버스 같은 공공 운송수단 부족 같은 인프라 문제를 해결할 수단이 필요한 것이다. 이런 환경을 등에 업고 '그랩'은 베트남에서 승승장구 하고 있다.

이처럼 공적 필요성은 있으나 미처 베트남 정부의 여력이 닿지 않는 분야에 많은 사업 기회가 발생하고 있다. 의료, 교육, 인프라 등 민간의 참여를 정부가 적극 권장하거나 규제를 완화해 유도하는 분야에 전망이 밝은 이유가 여기에 있다. 특히 베트남에서는 새로운 사업 모델로 이런 공적 영역의 가려운 부분을 긁어주는 O2O(offline to online) 서비스 분야가 매력적이다. 가장 큰 이유는 법적 보호가 불확실한 상태에서 정부와의 이해관계를 일치해 놓으면 든든한 지원군을 얻는 셈이기 때문이다. 온라인 교육, 방문의료 서비스 등 다양한 O2O 사업모델이 베트남에서 성공 가능성이 높은 이유가 여기에 있다. 실제로 지방정부는 정부의 한정된 리소스를 최대한 경제적으로 사용하고자 한다. 신사업이 정부의 수고를 덜어 줄 수 있다면 금상첨화일 것이며, 베트남같이 사업을 하려는데 제도적, 법적 불확실성이 큰 리스크로 작용하는 나라에서는 주요한 전략이 아닐까 한다.

창의력

베트남의 3무 중 마지막은 '창의력'이다. 베트남은 사상화 교육을 하는 공산주의 국가의 특성상 초등교육이 전 국민 의무교육이다. 따라서 15세에서 60세 사이의 문맹률이 2퍼센트 정도로 매우 낮다. 하지만 문제는 그 이후다. 많은 학생이 중고등학교(Secondary Education)에 진학하지 않거나 직능 교육 기관으로 바로 진학한다. 따라서 베트남 인력은 창의력이나 고도의 사고 능력이 부족한 경우가 있다. 이는 현지에서 직원을 직접 고용해 본 한국 지사장의 의견과도 일치한다. 하나부터 열까지 하나하나 과정을 알려주면 단순하게 그 업무를 처리하는 것은 꼼꼼하게 하는데 그 이상은 없다는 것이다.

세계은행에서 베트남 고용환경을 분석해서 낸 자료를 봐도 전문직이거나 독립적 사고를 요하는 직종의 고용주는 베트남 시장의 고용 장벽으로 해당 업무를 지원하는 지원자 부족이 아닌 지원자의 필요 역량 부족을 꼽았다. 세계 각국의 교육수준을 조사하는 옥스퍼드의 영리브스 프로그램(Oxford Young Lives Program Survey)도 베트남 학생은 규칙을 익숙한 상황에 적용하는 수학적 능력은 뛰어나나 문제를 창의적으로 해결하는 데는 어려움을 겪는 것으로 분석했다.

나는 어쩌면 이와 같은 현상의 배경에 법적 시스템의 부재도 있지 않을까 생각한다. 베트남에서는 지적재산권이 의미가 없다. 베트남에서 투자하는 한 지인은 베트남의 컨텐츠 사업은 영화관을 빼

고는 돈 되는 게 없다고 말하기도 했다. 현실적으로 법률 시스템이 없어서 지적재산권 보호가 이루어지지 않고, 따라서 창의력을 발휘한 사고가 자라지 않는가 하는 생각도 든다. 하지만 이처럼 창의력이 부족한 베트남 교육 현실에서 새로운 기회가 발생할 수도 있다.

먼저 최근 한국 기업이 관심을 가지기 시작한 IT 소프트웨어 BPO의 전망이 밝다. 충분한 직업 교육을 받지 못했고 창의력을 이용한 개발 경험이 없다 보니 한국의 소프트웨어 업체에 취직해 경험을 쌓고자 하는 취업자가 끊임없이 유입되고 있다. 한국 기업에게는 베트남 IT 인력의 인건비가 한국 IT 인력의 10분의 1 수준이므로 경제적인 매력이 크다. 한국 기업은 저렴하고 양질의 베트남 IT 인력을 활용해 비교적 단순한 개발 업무는 베트남의 BPO 기지에서 진행하면서 프로젝트에 드는 비용과 시간을 효율적으로 운용할 수 있게 되었다.

다음 장에서 자세히 설명하겠지만 베트남 부모의 자녀 교육열은 한국 부모의 그것 못지않다. 창의력과 소프트 스킬이 부족한 아이들의 미래를 위해 베트남 부모의 지갑이 열리고 있다. 공산주의 특성상 수리와 이론 위주의 수업만 진행하는 공교육에 만족하지 못하는 부모가 사교육 시장으로 아이들을 보내고 있다. 유럽식의 자유로운 커리큘럼을 통해 학생들의 창의력을 배양하는 교육과정을 채택한 사립 중고등학교가 높은 인기를 누리고 있다. 베트남에서 교육사업이 매력적인 가장 큰 이유이다.

베트남의 3무는 위험 요소이자 기회다. 위험 요소를 이해하고 대

처할 수 있거나 위험 요소를 통해 새로운 기회를 창출한다면 좋은
기회가 될 것이다.

chapter 6

베트남의
3가지 투자 유망 분야

01

장점과 단점을 중심으로 바라본 투자 분야

　본 장에서는 내가 베트남에 직접 투자하며 느낀 유망 분야를 상세히 설명해 보려 한다. 물론 다음에 설명할 분야 이외에도 다양한 좋은 기회가 많겠지만, 앞에서 설명한 베트남의 경제 상황과 여러 가지 고려 사항을 접목해서 정리한 내용이니 독자에게 도움이 되었으면 한다.

　나는 이 책의 앞부분에서 다양한 관점으로 베트남의 현 시장을 살펴보았는데 표와 같이 베트남 시장의 장점과 단점을 정리해 보았다.

　이 내용들을 종합해 내가 유망하다고 판단하는 분야는 1) 광의의 의미에서 소비와 연관이 있을 것(금융도 포함), 2) 정부가 재정이 부

장점	단점
풍부한 노동력	현금 중심의 결제
이동수단의 신속성 (오토바이 5000만 대)	투자계약의 합법성 및 강제성
빠르게 성장하는 소비 시장과 중산층	민간자금 대비 정부의 부족한 공적자금
새로운 방식의 소비에 대한 호감 &수용성	중, 후기 투자의 높은 밸류에이션

족해 제공하지 못하는 서비스를 제공할 것, 3) 상대적으로 초기에 투자해 높은 가격을 지불하지 않을 것 정도로 뽑아볼 수 있다.

첫 번째, 나는 앞에서 설명한 많은 이유 때문에 성장하는 베트남 소비에 베팅하는 것이 한국 투자자로서 가장 확률이 높다고 본다. 그 이유는 소비 증가는 경제 상황과 소득 증대에 후행하기 때문에 시장을 예측하기 용이하며, 베트남의 경제발전이 우리의 그것과 많이 비슷하고 문화까지도 많은 면에서 닮아 있어 한국 투자자가 선별적 투자를 하는 데 비교적 편한 분야라고 생각한다.

두 번째, 베트남 정부는 재정적자 탓에 공공이 감당해야 하는 많은 부분을 민관합작으로 대체하려 한다. 앞에서 설명한 대로 법적 리스크에서 완전 자유롭지 못한 베트남 투자 중 가장 안전한 쪽이 정부 분야의 투자다. 해당 사업이 정부의 부담을 덜어줄 수 있다면 정부와 이해관계가 일치하기 때문에 비교적 법적, 제도적 리스크에서 벗어나 사업이 가능할 것으로 판단한다.

　마지막으로 베트남은 현재 우리나라만이 아닌 세계가 주목하는 시장이다. 투자의 후기 단계에서 비싼 밸류에이션으로 나의 투자 수익률을 제한하면서 비슷한 리스크를 지기보다 초기의 기업이라도 우리의 눈으로 베트남 시장을 이해할 수 있는 장점이 있는 분야 (헬스케어, 교육 등)라면 밸류에이션을 낮게 가져가는 게 투자 수익을 지키는 좋은 방법이라고 생각한다. 물론 경영진과 회사의 비즈니스 모델을 확실히 검토하고, 특히 아세안으로서의 성장성을 면밀히 검토해야 하겠지만 말이다. 다음에 말할 세 분야는 내가 업무를 하면서 느낀, 베트남에서 한국 투자자가 접근하기에 유망한 투자분야다. 사견이지만 참고하시면 좋겠다.

02

기술 기반 컨슈머 기업
(Consumer + Tech)

미 브루킹스 연구소(Brookings Institution)는 베트남의 중산층이 2020년까지 연 평균 18퍼센트가 성장해 4400만 명에 달할 것으로 추정하고 있다. 이와 같이 중산층이 성장함에 따라 베트남은 동남아시아 기타 다른 국가에 비해 소비 시장이 빨리 성장할 것으로 스웨덴의 정부 시장조사 기관인 비즈니스 스웨덴(Business Sweden)은 전망한다.

앞에서 살펴본 대로 베트남은 인도에 이어 세계에서 가장 높은 소비자신뢰지수를 나타내고 있다. 이는 시장 전반에 대한 베트남 소비자의 높은 자신감을 보여주고 있으며 베트남 중산층의 소득 증가가 소비 증가로 이어지는 선순환 사이클로 들어갈 가능성이 높다

동남아시아 소비 시장 성장률 예상치 　　　　　　　　　　　출처: 비즈니스 스웨덴

는 의미다.

　빠르게 성장하는 베트남의 중산층은 미래 베트남 소비의 중심으로 부상할 것이다. 그중 MAC이라 불리는 중'상'층이 인구에서 차지하는 비중이 커지면서 소비 시장을 이끌어 가는 중요한 축이 될 것으로 보인다. 보스턴컨설팅의 분석에 따르면 베트남의 MAC는 2017년 기준으로 인구의 약 25퍼센트로 기타 동남아시아 국가 대비 가장 낮은 비율을 차지하고 있으며 향후 수년간 지속적으로 성장해 기타 이웃 국가 수준으로 비중이 증가할 것으로 보고 있다.

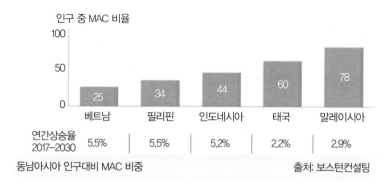

인구 중 MAC 비율

동남아시아 인구대비 MAC 비중　　　　　　　　　출처: 보스턴컨설팅

	베트남	필리핀	인도네시아	태국	말레이시아
연간상승율 2017-2030	5.5%	5.5%	5.2%	2.2%	2.9%

　　주변 신흥국의 소비 시장 발전단계를 비교해 볼 때, 베트남 중상층의 성장은 소비 시장의 극적인 변화로 이어질 것으로 보인다. 기타 동남아시아 국가에서는 중상층의 비중이 커지면서 스낵, 식품, 및 음료와 같은 일반적인 필수 소비재 수요도 급격히 증가했지만, 가처분소득이 증가하므로 화장품, 가구와 같은 내구소비재, F&B, 해외여행 분야 등에서 값은 저렴하나 제품의 질은 높으며 소비자의 '경험'에 중점을 둔 상품 소비가 폭발적으로 증가했다.

　　또한, 이들 국가의 중상층은 국제적이며, 개성이 강하며, 맞춤화된 제품에 대한 관심이 높은 소비 특성이 있었다. 따라서 대중적인 오프라인보다 온라인에서 자신만의 개성을 찾아 소비하는 성향이 강하다. 베트남에서도 중상층의 성장에 따라 새로운 소비 형태의 출현이 예상된다. 필수 소비재보다 기타 소비재에서 많은 변화가 일어날 것이며, 도시화에 따라 교통 체증이 증가하는 반면 오토바이와 같은 풍부한 모빌리티가 있어 전자상거래 시장 채널을 통한 소비가 빠르게 증가할 것으로 보인다. 베트남에서는 이러한 트렌드를 이끄는 대표적인 소비층이 '비엣큐'다. 이들은 패션, 라이프스타일, 외식 등 중상층의 소비 트렌드를 이끌어가는 KOL의 역할을 하고 있다. 비엣큐는 해외에서의 경험을 바탕으로 전자상거래에 대한 의존도가 높으며 실용과 경험을 중시하는 새로운 소비 형태를 베트남 중상층에게 전파시키고 있다.

앞에서 살펴본 대로 베트남은 빠른 도시화 때문에 지방의 많은 군소 지역이 중소형 도시로 성장하고 있으며 산업화와 농업의 현대화

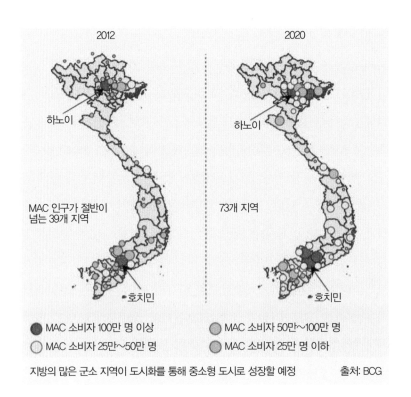

지방의 많은 군소 지역이 도시화를 통해 중소형 도시로 성장할 예정   출처: BCG

에 따라 지방 중소 도시의 MAC 비중도 빠르게 늘 것으로 예상된다.

이처럼 베트남의 빠른 도시화는 소수의 대도시뿐 아니라 지방도 경제 성장이 이루어지게끔 했고 다양한 서비스 수요를 자극함에 따라 공동 취향과 관심사를 지닌 MAC 소비자를 대량으로 만들어 내고 있다. 하지만 인프라 투자와 FDI가 중앙 거대 도시에 집중되는 바람에 지방 도시의 인프라로는 빠르게 성장하는 지방 MAC 소비자의 수요를 채워주지 못하는 것이 현실이다. 그래서 베트남에서는 현재 디지털 경제가 빠른 속도로 성장하고 있다. 최근 발표된 동남아시아 전자상거래에 관한 리포트에서 구글과 테마섹(Temasek)은 베트남의 전자상거래 시장이 2015년 4억 달러에서 2025년에 75억 달러로 성장할 것으로 예상하고 있다.

온라인 전자상거래 시장의 성장성을 얘기할 때 흔히 '디지털 영향력' 지수를 예로 든다. 통계에 따르면 현재 베트남인 중 25퍼센트는 이미 소비할 때 상품정보 검색, SNS를 통한 평판 조사를 하는데 디지털 기술을 사용하고 있다. 디지털 영향력은 태국의 모든 제품 범주에서 40퍼센트, 필리핀은 55퍼센트다. 베트남도 소득이 성장하면서 기타 동남아시아 국가처럼 소비에 디지털이 미치는 영향력이 커질 것으로 예상한다.

결론적으로 베트남은 중상층이 주력 소비 세력으로 부상하면서 기타 소비재 수요가 급격히 늘 것으로 보이며, 이를 공급하는 온라인 채널이 빠르게 성장할 것으로 예상된다. 따라서 'Consumer(소비재) + Tech(기술)' 분야가 유망할 것으로 보인다. 단순하게는 온라인 전자상거래 플랫폼부터 서비스를 포함하는 O2O까지 베트남 소비자가 합리적인 가격으로 본인의 개성과 경험을 위해 편하게 소비를 할 수 있도록 도와주는 다양한 사업 모델의 성장이 기대된다.

03

헬스케어(Healthcare)

　베트남은 빠른 경제성장을 이루면서 세계의 관심을 한 몸에 받고 있다. 이러한 '메콩강의 기적'은 '한강의 기적'을 이룬 우리나라의 데자뷰를 보는 듯하다. 그래서 국내에서 베트남 시장을 보며 '한국의 몇 년 전 상황이다'라는 말을 많이들 한다. 나는 앞에서 디지털 혁명의 중심에서 성장하는 베트남의 경제는 절대적으로 한국의 '몇 년 전'이라고 판단하기에 어려운 경우가 많으며 우리는 그러한 사실을 중국의 성장에서 이미 목격한 바 있다고 말했다. 따라서 한국의 몇 년 전과 비교해 베트남의 현재를 바라보려 하기보다 인구 구조와 사회 전반적인 발전 과정을 한국의 그것과 비교해서 보는 편이 좀 더 합리적인 기준이라는 생각이다. 그런 면에서 베트남의 헬스케어 분야는 우리의 눈으로 봐도 어떻게 발전돼 갈지, 어디에서 성장의 열매가 맺힐지 비교적 잘 보이는 분야라 할 수 있다.

빠른 성장은 결국 사회적 부작용을 낳을 수밖에 없다. 베트남도 빠른 성장의 부작용으로서 따라오는 오염과 공해로 도시가 몸살을 앓고 있다. 그래서 베트남 국민들의 건강에 대한 관심과 환경오염에 대한 우려는 높아지고 있다.

1991년, 한국에서는 두산전자의 '낙동강 페놀 방수사건'이 일어났었다. 구미시에 위치한 두산전자 내에서 1급 오염 물질인 페놀원액 저장 탱크의 파이프가 파열돼 30톤의 페놀이 낙동강으로 거쳐 대구 시민의 상수원인 취수장까지 흘러 들어간 사건이다. 당시 이 사건은 그동안 무관심했던, 공해와 오염에 대한 사회적 경각심이 높이는 계기가 됐다.

그로부터 26년이 지난 2017년, 베트남에서는 앞에서도 잠깐 설명한 '포모사(Fromosa) 제철소 페놀방수' 사건이 발생했다. 포모사 공장에서 무단으로 방류된 페놀 및 독성 물질에 오염된 하수 탓에 주변 어장의 물고기가 떼죽음을 당하는 사태가 발생한 것이다. 당시 중국의 남중국해 문제와 맞물려 거대한 사회적 파장이 일었다. 이는 베트남 국민으로 하여금 산업화에 의한 빠른 경제적 발전의 부산물인 공해와 건강에 대한 경각심을 일깨우는 사건이 되었다.

베트남의 공해는 이미 심각한 수준이다. 다음 그림에서 보듯이 하노이의 지하수 오염은 이미 2011년 기준으로도 심각한 수준이다. 대부분의 지하수가 마실 수 없는(non-drinkable) 수준으로 분석됐다.

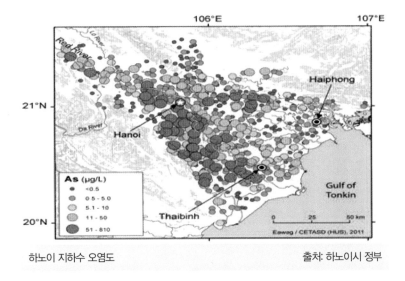

하노이 지하수 오염도 　　　　　　　　　　　　　　　 출처: 하노이시 정부

　　대기오염도 심각해 하노이 시의 미세먼지 수준은 중국 상하이에
이어 세계 최악을 기록하고 있다. 호치민 시도 예외가 아니다. 기
본적인 위생에 대한 무지, 정부의 대책 부재 탓에 베트남의 빠른
성장은 심각한 환경오염이라는 사회적 문제로 부메랑처럼 돌아오
고 있다.

　　현재 베트남 국민의 평균연령은 30.5세로 매우 젊지만 이미 2011
년에 65세 이상 인구가 전체의 7퍼센트에 해당하는 노령화사회에
진입했다. 이와 같은 고령화에 따른 사회적 비용이 빠른 속도로 증
가할 것으로 보고 있다.

　　현재 2016년 기준으로 베트남의 헬스케어 지출은 GDP의 약 7.5퍼
센트다. 이는 아세안 기타 국가와 비교해도 높은 수준이다. 2012년

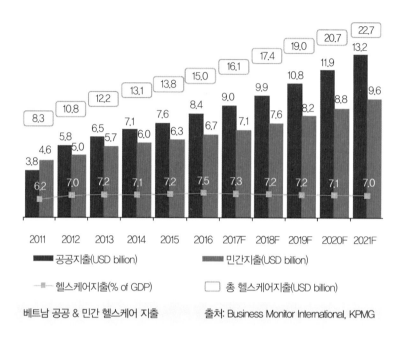

베트남 공공 & 민간 헬스케어 지출

출처: Business Monitor International, KPMG

부터 정부가 국가 의료보험제도를 도입해 공공 부문의 지출이 빠르게 민간 부문의 지출을 앞서고 있다.

정부의 이러한 노력에도 불구하고 베트남의 헬스케어 시장은 수요에 비해 공급이 턱없이 부족한 상황이다. 베트남의 의료 서비스 시장은 대부분 공공 병원을 중심으로 운영되고 있다. 하지만 앞에서 살펴본 대로 정부가 재정적자 상태라 공격적인 인프라 확충이 불가능하다. 베트남 보건부에 따르면, 일부 병원은 수용 여력의 150퍼센트가 넘는 환자를 수용하고 있으며 인구 1000명당 병상수가 평균 2.4개로 개발도상국 평균인 5개에 턱없이 못 미치고 있는 상

심각한 베트남 공공병원의 공급부족

황이다. 베트남의 공공병원은 완전한 포화상태이며 지방에서 조금
더 나은 시설을 찾아 도시로 올라오는 환자까지 겹쳐 대도시의 대
형병원은 그야말로 북새통이다. 내가 직접 호치민 시의 대형 국립
병원인 쩌러이 병원(Cho Ray Hospital)에서 촬영한 위 사진을 보면
그 심각함을 미루어 짐작할 수 있을 것이다. 직접 확인한 바로는 입
원실도 포화여서 한 침대를 두 명의 환자가 사용하기도 한다.

더욱이 베트남의 공공 병원은 자원이 부족해 환자 데이터 관리,
검사 자료 관리 등 행정적인 면도 타 개발도상국의 수준에 훨씬 못
미친다. 그래서 일반 환자가 외래 진료를 받으려면 하루 종일 걸릴

정도로 비효율이 심각한 수준이다. 그나마 상황이 좀 나은 민간 병원은 공공병원보다 몇 배나 진료비가 비싸면서도 의료진의 명성이나 평판이 공공병원에 비해서는 떨어지는 터라 공공병원의 수요 과잉은 앞으로도 계속될 것으로 보인다.

이처럼 베트남의 헬스케어 시장은 소득이 성장함에도 불구하고 공급이 턱없이 부족한 상황이 지속되고 있다. 이에 정부는 민-관 협력 프로젝트를 적극적으로 추진하고 있으며 특히 지방 병원에 대한 투자를 적극 유도하고 있다. 따라서 베트남 병원은 완전 민영화와 100퍼센트 외국인 지분 투자가 가능하다. 앞에서 살펴본 대로 정부의 결핍을 메워주는 서비스는 법적, 제도적 장벽이 높은 베트남에서 비교적 안전하게 보호받을 가능성이 높다. 헬스케어 산업이

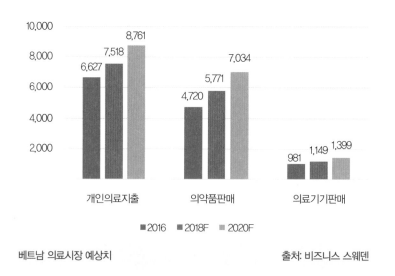

베트남 의료시장 예상치 　　　　　　　　　　　　출처: 비즈니스 스웨덴

우리에게 주는 기회가 여기에 있다.

베트남은 현재 소위 '인구 황금기'를 지나고 있다. 하지만 유엔개발계획(UNDP)은 베트남이 고령사회로의 진입을 눈앞에 두고 있어 지금이 미래의 고령화를 대비할 '골든타임'이라 조언한 바 있다. 베트남 의료 시장의 성장과 의식주의 개선, 위생에 대한 인식 변화 등으로 베트남인의 기대수명이 증가하는 것에 비해 출산율은 급감 추세이므로 베트남의 고령화가 예상보다 빨리 진행될 것으로 전망하고 있다. 따라서 제약, 의료기기 등 베트남의 헬스케어 시장은 높은 성장을 보여줄 것이다. 베트남의 의약품 판매시장은 2020년까지 연간 10퍼센트, 의료기기 판매는 연간 9.3퍼센트의 성장을 보일 것으로 스웨덴의 정부 시장 리서치 기관인 비즈니스 스웨덴은 예상하고 있다. 인구의 고령화는 의약품과 의료지출의 성장의 촉매제가 될 것으로 보인다. 민간 자본의 지속적인 투자로 베트남의 병원 시설도 확충될 것으로 예상되는 바 의료기기 판매도 견조하게 성장할 것으로 판단된다. 베트남의 헬스케어 시장을 눈여겨본다면 우리나라 기업에게도 큰 기회가 될 것이다.

04

교육(Education)

베트남은 전통적으로 교육열이 높은 국가다. 전후 베트남을 통치하는 사회주의 공산당 정부는 사회주의 이념을 확산하고자 초등교육에 신경을 썼다. 초등학교 교육 덕분에 문맹률을 낮추고 이념화 교육을 할 수 있었다. 특히 '도이머이' 이후에는 기본 독해 및 수리 능력 배양에 중점을 둔 교육을 실시해 주도적으로 인력을 양성하려 했으며, 실질적으로 눈에 띄는 성과도 거두었다. 앞에서도 잠깐 언급했지만 현재 베트남의 15세에서 60세 사이의 문맹률은 2퍼센트가 채 안 된다. 이는 선진국과 비교해도 절대 뒤처지지 않는다. OECD의 국제학생평가프로그램(PISA)에 따르면 15세 이상 베트남 학생의 수학, 과학, 읽기 학생수행평가 점수는 OECD 평균보다 높으며 아시아에서는 최고 수준을 보이고 있다. 학생의 높은 학업성취도는 생산성 증대에 큰 도움이 됐으며 베트남을 산업화로 이끄는 데 큰 역할을 했다.

하지만 베트남의 산업화 방향이 단순 업무에서 고급 사고력을 요하는 쪽으로 발전하고 있다. FDI 등으로 3차 산업이 폭넓게 발전하면서 베트남 인력에게 새로운 역량을 요구함에 따라 베트남의 교육은 새로운 도전에 직면하고 있다. 일예가 '베트남의 3무(無)' 장에서 설명한 창의력 부족이다. 최근 베트남에서 활동하는 기업 인사 담당자의 고민은 지원자 부족이 아니라 '필요한 기술'을 가진 지원자 부족이며, 지원자에게 가장 필요한 자질로 일반적인 사고와 독해 능력이 아닌 창의력과 발표력, 언어 능력 같은 '소프트스킬'을 요구하고 있다. 즉, 시험을 잘 보는 인력이 아니라 업무 능력이 뛰어난 인력에 대한 수요가 증가하고 있다는 것이다. 세계은행이 2014년에 발표한 '베트남 개발 리포트(Vietnam Development Report)'에서도 "베트남 노동 인력에게 필요한 기술을 습득하게 하는 것, 그것이 향후 베트남의 경제 성장을 가속화하고 베트남 경제의 현대화를 이끌 핵심동력이 될 것"이라고 전망하고 있다. 또한 현대적인 시장 경제에 맞는 인력을 공급할 수 있는 새로운 교육 시스템이 필요하다고 강조한다. 특히 베트남 인력이 전반적으로 인지기술(Cognitive Skill)과 사회행동기술(Social and Behavioral Skill) 부분이 취약하다고 진단한 바 있다. 즉, 문제 해결 능력과 비판적 사고 능력, 팀워크와 커뮤니케이션 기술 등 '소프트스킬'이 베트남 학생에게 부족하다는 뜻이다.

베트남의 교육시스템은 대부분이 공공 교육으로 이루어져 있다. 초등학교(Primary School) 5년은 의무교육이며, 중학교(Lower-secondary School) 4년, 고등학교(Upper-secondary school) 3년까지 총 12년의 일반 교육(General Education) 과정을 거친다. 그 이후 대학 또는 전문대학의 대학 과정(Higher Education)에 진학하려면 대학입학시험을 통해야 한다.

공공 교육은 의료 서비스업과 마찬가지로 베트남 정부의 재정 적자 탓에 필요한 만큼 투자하지 못하고 있다. 대부분의 학제에서 교사가 부족하며 봉급이 낮아서 교사의 자질과 의욕 저하 문제가 심각하다. 특히 공공 교육은 대부분 정형화된 주입식 교육에 중점을 두고 있고 이 부분에 수업 시간을 길게 배정해 학생에게 충분히 '소프트스킬'을 습득할 수 있는 기회를 부여하지 못하고 있는 실정이다.

이처럼 국내 교육이 학생의 경쟁력을 강화하는 데 부족하다 보니 소위 있는 집 자식 중 많은 수가 1990년대부터 해외 유학을 떠났다. 이들 중 베트남으로 다시 돌아온 사람들이 '비엣큐'로 불리는 '유학생'이다. 현재 아직도 많은 수의 베트남 학생이 해외에서 유학하고 있으며 베트남의 미국인 유학생은 동남아시아 최대 규모이며 중국에 이어 두 번째다.

베트남 채용 시장에서 '비엣큐'의 압도적인 경쟁력을 확인한 부모들과 돌아온 '비엣큐'가 학부모가 되면서 베트남 교육 시장의 변화를 이끌고 있다.

미국내 유학생 비율 (2016)

순위	출신국가	총 유학생 비율(%)
1	중국	20.1
2	베트남	9.9
3	한국	6.6
4	일본	5.5
5	멕시코	4.3
6	사우디아라비아	3.8
7	베네주엘라	3.0
8	네팔	2.9
9	브라질	2.6
10	인도	2.3

출처: IEE

그 영향으로 많은 고소득층 자녀가 국제사립학교(Internatioal School)에 진학하고 있다. 베트남 교육청이 2017년에 발표한 자료를 기준으로 사립 중고등학교의 재학생수는 25만 명에 이른다. 베트남 중산층의 소득이 늘어나면서 많은 학부모가 자녀를 사립학교에 진학시키고 싶어 한다. 빈그룹은 이러한 수요와 자사의 고급 주거단지 개발이 만나면 시너지가 있을 것으로 판단했다. 빈그룹은 '보급형사립학교'인 빈스쿨(Vinschool) 브랜드를 런칭해 2014년 하노이에서 처음 문을 열었으며 2018년 호치민 시티 빈홈 센트럴 파크에

제2캠퍼스를 오픈했다. 최근 글로벌 사모펀드 회사인인 TPG가 베트남 오스트레일리아 국제 학교(VAS, Vietnam Australia International School)의 대주주가 되면서 화제를 모았다. VAS는 호치민 시에 7개 캠퍼스를 두고 6300명의 학생을 교육하고 있는 사립 교육 법인이다. 학생들에게 영국 캠브리지식 커리큘럽과 학위, 탄탄한 어학 프로그램을 제공하는 것으로 유명해져 고소득층 부모의 높은 관심을 받고 있다. 세계적인 국제 학교 업체인 코그니타 그룹(Cognita Group)은 호치민 시의 ISHCM(International School of Ho Chi Minh City)와 사이공 펄 초등학교(Saigon Pearl Primary School)를 인수하기도 하는 등 해외 유수 투자 기업이 베트남 고등교육에 적극적으로 투자하고 있다.

중산층의 소득은 증가하는데 정부 공립 교육은 그에 맞춰주지 못하고 있어 고등교육뿐 아니어라 영어, 코딩 등 사교육 시장이 커지고 있다. 특히 학부모들은 공공교육에서 가장 부족한 영어 교육에 대한 열의가 대단하다. 영어를 잘하는 것이 현지 진출 외국계 기업 등 취업 전선에서 주는 혜택이 워낙 크기 때문이다. 특히 한국에서 최근 각광을 받고 있는 직무교육, 사고력, 창의력 프로그램 등의 다양한 교육 프로그램들의 성장 가능성도 높다.

따라서 한국 교육 업체의 베트남 진출도 눈에 띄게 늘고 있으며 새로운 투자 기회가 많이 생겨나고 있다. 나는 대한민국의 정체되고 레드오션화 된 국내 교육 시장을 넘어 해외로 진출하는 기업이 많아지기를 기대한다. 또 투자자 입장에서 베트남의 교육 시장은 높은 교육열과 정부의 공공서비스가 채워주지 못하는 결핍 부분에 시장 기회가 많이 발생하고 있어 높은 성장성이 있는 투자 분야라고 생각한다.

끝으로 베트남 교육 시장은 외국 기업이 진출하는 데 제한이 많은 시장이라 면밀하게 법적 타당성 여부를 확인해 봐야 한다는 것을 명심하자.

베트남 진출, 이제는 의무다

1945년 8월 오랜 식민지 생활을 끝으로 독립을 이루는 기쁨도 잠시, 12월 27일 전후 문제를 처리한다는 명목으로 한반도 남쪽에는 미국이 북쪽에는 소련이 주둔하면서 둘로 갈라지게 됐다. 이념 갈등으로 촉발된 6·25 전쟁은 한반도에 살고 있던 국민의 삶을 황폐하게 했으며 아직도 두 국가가 하나의 국가를 만들지 못해 세계 유일의 분단국가로 남아 있다. 이후 한국은 전쟁의 상흔을 딛고 일어서 70, 80년대 빠른 산업화를 통해 '한강의 기적'을 이루었다. 전쟁 후 65년이 지난 이제는 세계 11위 경제 대국이 되었다. 초기 산업화를 이끈 요인은 근면 성실하고 값싼 노동력이었다. 이 노동력을 바탕으로 수출 중심의 가공 무역을 시작했다. 그 이후 가공 무역이

닦은 산업화의 기초 위에서 철강, 자동차, IT 등 제조업이 바통을 이어 받으면서 현재의 경제 강국을 이루었다.

베트남도 우리와 비슷한 길을 걸었다. 식민지 시대가 종료됨과 동시에 남북으로 분단된 베트남은 결국 베트남 전쟁을 거치며 동족상잔의 비극을 경험했다. 미국을 포함한 연합군이 철수하고 1975년 사이공이 함락되고 나서 베트남은 사회주의 공산국가의 길을 걸었다. 하지만 오랜 기간 사회주의 경제체제에서의 암흑기를 경험한 베트남은 1986년 '도이머이' 시장경제체제를 도입해 세계경제에 참여하게 됐다. 그 이후 ODA와 FDI가 증가하면서 글로벌 생산 기지로 자리매김했다. 현재는 프론티어 마켓에서 개발도상국으로의 진입을 앞두고 있다.

이념 전쟁의 아픔을 딛고 일어난 역사는 물론 한국과 베트남은 유교주의 사상, 장유유서와 가족 중심의 문화까지 참 많은 부분에서 닮았다. 우리나라 사람이 베트남 사람을 만나면 금방 친구가 되는 이유가 이런 역사, 문화적인 배경이 있어 생각의 결이 비슷하기 때문일 것이다. 베트남의 산업화의 중심에는 '삼성전자'를 포함한 우리나라 대기업의 적극적인 투자가 있으며 박항서 감독이 이끄는 베트남의 축구대표팀은 10년 만에 스즈키컵을 차지하며 베트남 축구를 한 단계 업그레이드시켰다.

이념의 적에서 이제는 친구가 된 베트남, 현 정부의 '신남방정책'의 핵심국가. 인구의 황금기를 지나며 중산층의 성장과 빠른 소득 증가를 경험하고 있는 베트남이 대한민국의 미래에 중요한 역할을 할 파트너임에는 의심이 없다. 정체된 성장으로 한계기업이 속출하고 신흥국들이 빠르게 따라오고 있어 사면초가에 빠진 대한민국 경제의 새로운 성장 동력을 베트남에서 찾아보는 것은 어떨까? 베트남 진출, 이제는 의무다.

📖 북오션 부동산 재테크 도서 목록 📖

부동산/재테크/창업

탐나는 부동산 어디 없나요?

장인석 지음 | 16,000원
312쪽 | 152×224mm

이 책은 현재의 내 자금 규모로, 어떤 위치의 부동산을 언제 살 것인가에 대한 탁월한 분석을 펼쳐보여 준다. 월세탈출, 전세탈출, 무주택자탈출을 꿈꾸는, 건물주가 되고 싶고, 꼬박꼬박 월세 받으며 여유로운 노후를 보내고 싶은 사람들을 위한 확실한 부동산 투자 지침서가 되기에 충분하다. 이 책은 실질금리 마이너스 시대에 부동산 실수요자, 투자자 모두에게 현실적인 투자 원칙을 수립하는 데 유용할 뿐 아니라 실제 구매와 투자에 있어서도 참고할 정보가 많다.

나의 꿈, 꼬마빌딩 건물주 되기

나창근 지음 | 15,000원
302쪽 | 152×224mm

'조물주 위에 건물주'라는 유행어가 있듯이 건물주는 누구나 한 번은 품어보는 달콤한 꿈이다. 자금이 없으면 건물주는 영원한 꿈일까? 저자는 현재와 미래의 부동산 흐름을 읽을 줄 아는 안목과 자기 자금력에 맞춘 전략, 꼬마빌딩을 관리할 줄 아는 노하우만 있으면 부족한 자금을 충분히 상쇄할 수 있다고 주장한다. 또한 액수별 투자전략과 빌딩 관리 노하우 그리고 건물주가 알아야 할 부동산지식을 알기 쉽게 설명한다.

월급쟁이들은 경매가 답이다
1,000만 원으로 시작해서 연금처럼 월급받는 투자 노하우

박갑현 지음 | 14,500원
264쪽 | 152×224mm

경매에 처음 도전하는 직장인의 눈높이에서 부동산 경매의 모든 것을 알기 쉽게 풀어낸다. 일상생활에서 부동산에 대한 감각을 기를 수 있는 방법에서부터 경매용어와 절차를 이해하기 쉽게 설명하며 각 과정에서 꼭 알아야 할 중요사항들을 살펴본다. 경매 종목 또한 주택, 업무용 부동산, 상가로 분류하여 각 종목별 장단점, '주택임대차보호법' 등 경매와 관련되어 파악하고 있어야 할 사항들도 꼼꼼하게 짚어준다.

나창근 지음 | 15,000원
296쪽 | 152×224mm

꼬박꼬박 월세 나오는
수익형부동산 50가지 투자비법

현재 (주)리치디엔씨 이사, (주)머니부동산연구소 대표이사로 재직하면서 [부동산TV], [MBN], [한국경제TV], [KBS] 등 방송에서 알기 쉬운 눈높이 설명으로 호평을 받은 저자는 부동산 트렌드의 변화와 흐름을 짚어주며 수익형 부동산의 종류별 특성과 투자노하우를 소개한다. 여유자금이 부족한 투자자도 전략적으로 투자할 수 있는 혜안을 얻을 수 있을 것이다.

김태희 지음 | 18,500원
412쪽 | 152×224mm

불확실성 시대에 자산을 지키는
부동산 투자학

부동산에 영향을 주는 핵심요인인 부동산 정책의 방향성, 실물경제의 움직임과 갈수록 영향력이 커지고 있는 금리의 동향에 대해 경제원론과의 접목을 시도했다. 따라서 독자들은 이 책을 읽으면서 부동산 투자에 대한 원론적인, 즉 어떤 경제여건과 부동산을 둘러싼 환경이 바뀌더라도 변치 않는 가치를 발견하게 될 것이다.

이재익 지음 | 15,000원
319쪽 | 170×224mm

바닥을 치고 오르는
부동산 투자의 비밀

이 책은 부동산 규제 완화와 함께 뉴타운사업, 균형발전촉진지구사업, 신도시 등 새롭게 재편되는 부동산시장의 모습을 하나하나 설명하고 있다. 명쾌한 논리와 예리한 진단을 통해 앞으로의 부동산시장을 전망하고 있으며 다양한 실례를 제시함으로써 이해를 높이고 있다. 이 책은 부동산 전반에 걸친 흐름에 대한 안목과 테마별 투자의 실전 노하우를 접할 수 있게 한다.

김태희, 동은주 지음
17,000원
368쪽 | 153×224mm

그래도 땅이다
불황을 꿰뚫는 답, 땅에서 찾아라

올바른 부동산투자법, 개발호재지역 투자 요령, 땅의 시세를 정확히 파악하는 법, 개발계획을 보고 읽는 방법, 국토계획 흐름을 잡고 관련 법규를 따라잡는 법, 꼭 알고 있어야 할 20가지 땅 투자 실무지식 등을 담은 책이다. 이 책의 안내를 따라 합리적인 투자를 한다면 어느새 당신도 부동산 고수로 거듭날 수 있을 것이다.

정부 정책은 절대로 시장을 이길 수 없다
2019 대담한 부동산 대예측

2018년은 부동산 업계에서 많은 일이 일어난 해다. 서울 아파트 가격은 하늘이 높은 줄 모르고 뛰었으며 유래 없이 강경한 정부의 부동산 대책이 나왔다. 그렇다면 2019년 부동산 시장은 어떻게 흘러갈 것인가? 안민석 저자는 지금까지 부동산 역사 중에 '규제가 시장을 이긴 적이 없다'고 말하며 대담하게 2019년 부동산 시장을 예측한다.

안민석 지음 | 15,000원
260쪽 | 152×224mm

주식/금융투자

북오션의 주식/금융 투자부문의 도서에서 독자들은 주식투자 입문부터 실전 전문투자, 암호화폐 등 최신의 투자흐름까지 폭넓게 선택할 수 있습니다.

고양이도 쉽게 할 수 있는
가상화폐 실전매매 차트기술

이 책은 저자의 전작인 《암호화폐 실전투자 바이블》을 더욱 심화시킨, 중급 이상의 투자자들을 위한 본격적인 차트분석서이다. 가상화폐의 차트의 특성을 면밀히 분석하고 독창적으로 체계화해서 투자자에게 높은 수익률을 제공했던 이론들이 고스란히 수록되어 있다. 이 책으로 가상화폐 투자자들은 '코인판에 맞는' 진정한 차트분석의 실제를 만나 볼 수 있다.

박대호 지음 | 20,000원
200쪽 | 170×224mm

암호화폐 실전투자 바이블
개념부터 챠트분석까지

고수익을 올리기 위한 정보취합 및 분석, 차트분석과 거래전략을 체계적으로 설명해준다. 투자자 사이에서 족집게 과외·강연으로 유명한 저자의 독창적인 차트분석과 다양한 실전사례가 성공투자의 길을 안내한다. 단타투자자는 물론 중·장기투자자에게도 나침반과 같은 책이다. 실전투자 기법에 목말라 하던 독자들에게 유용할 것이다.

박대호 지음 | 20,000원
200쪽 | 170×224mm

최기운 지음 | 20,000원
312쪽 | 170×224mm

지금, 당장 남북 테마주에 투자하라

최초의 남북 테마주 투자 가이드북 투자는 멀리 보고 수익은 당겨오자. 이 책은 한번 이상 검증이 된 적이 있던 남북 관련 테마주들의 실체를 1차적으로 선별하여 정리해 준 최초의 가이드북이다. 이제껏 급등이 예상된 종목 앞에서도 확실한 회사소개와 투자정보가 부족해 투자를 망설이거나 불안함에 투자적기를 놓치던 많은 투자자들에게 훌륭한 참고자료가 될 것이다.

최기운 지음 | 18,000원
424쪽 | 172×245mm

10만원으로 시작하는 주식투자

4차산업혁명 시대를 선도하는 기업의 주식은 어떤 것들이 있을까? 이제 이 책을 통해 초보투자자들은 기본적이고 다양한 기술적 분석을 익히고 그것을 바탕으로 향후 성장 유망한 기업에 투자할 수 있는 밝은 눈을 가진 성공한 가치투자자가 될 수 있다. 조금 더 지름길로 가고 싶다면 저자가 친절하게 가이드 해 준 몇몇 기업을 눈여겨보아도 좋다.

최기운 지음 | 15,000원
272쪽 | 172×245mm

케.바.케로 배우는 주식
실전투자노하우

이 책은 전편『10만원 들고 시작하는 주식투자』의 실전편으로 주식투자 때 알아야 할 일목균형표, 주가차트와 같은 그래프 분석, 가치투자를 위해 기업을 방문할 때 다리품을 파는 게 정상이라고 조언하는 흔히 '실전'이란 이름을 붙인 주식투자서와는 다르다. 주식투자자들이 가장 알고 싶어 하는 사례 67가지를 제시하여 실전투자를 가능하게 해주는 최적의 분석서이다.

곽호열 지음 | 19,000원
244쪽 | 188×254mm

초보자를 실전 고수로 만드는
주가차트 완전정복

이 책은 주식 전문 블로그 〈달공이의 주식투자 노하우〉의 운영자 곽호열이 예리한 분석력과 세심한 코치로 입문하는 사람은 물론 중급자들이 놓치기 쉬운 기술적 분석을 다양하게 선보인다. 상승이 예상되는 관심 종목 분석과 차트를 통한 매수·매도 타이밍 포착, 수익과 손실에 따른 리스크 관리 및 대응방법 등 주식시장에서 이기는 노하우와 차트기술에 대해 안내한다.